절기를 통해
살펴보는
기독교
기본 교리

김남준 목사의

절기
설교

생명의말씀사

김남준 현 안양대학교의 전신인 대한신학교 신학과를 야학으로 마치고, 총신대학교에서 목회학 석사와 신학 석사 학위를 받았으며, 신학 박사 과정에서 공부했다. 안양대학교와 현 백석대학교에서 전임 강사와 조교수를 지냈다. 1993년 **열린교회**(www.yullin.org)를 개척하여 담임하고 있으며, 현재 총신대학교 신학과 조교수로도 재직하고 있다. 저자는 영국 퓨리턴들의 설교와 목회 사역에 감화를 받아 그 모본을 따르고자 노력해 왔으며, 아우구스티누스를 비롯한 보편교회의 신학과 칼빈, 오웬, 조나단 에드워즈, 17세기 개신교 정통주의 신학과 함께 현대 사회와 사상을 해석하면서 조국교회에 신학적 깊이가 있는 개혁교회 목회가 뿌리내리기를 갈망하며 말씀을 전하고 있다.

주요 저서로는 **1997년도 기독교 출판문화상**을 수상한 『예배의 감격에 빠져라』와 **2003년도 기독교 출판문화상**을 수상한 『거룩한 삶의 실천을 위한 마음지킴』, **2005년도 기독교 출판문화상**을 수상한 『죄와 은혜의 지배』, **2015년도 기독교 출판문화상**을 수상한 『가슴 시리도록 그립다, 가족』을 비롯하여 『그리스도인이 빛으로 산다는 것』, 『깊이 읽는 주기도문』, 『인간과 잘 사는 것』, 『영원 안에서 나를 찾다』, 『교회와 그리스도의 남은 고난』, 『신학공부, 나는 이렇게 해왔다 제1권』, 『그리스도인은 누구인가』, 『그리스도는 누구이신가』, 『거기 계시며 응답하시는 하나님』, 『염려에 관하여』 등 다수가 있다.

김남준 목사의 절기 설교

ⓒ 생명의말씀사 2020

2020년 11월 23일 1판 1쇄 발행
2022년 11월 15일 　　　3쇄 발행

펴낸이 | 김창영
펴낸곳 | 생명의말씀사

등록 | 1962. 1. 10. No.300-1962-1
주소 | 서울시 종로구 경희궁1길 6 (03176)
전화 | 02)738-6555(본사) · 02)3159-7979(영업)
팩스 | 02)739-3824(본사) · 080-022-8585(영업)

지은이 | 김남준

기획편집 | 태현주, 김정주
디자인 | 조현진, 윤보람
인쇄 | 영진문원
제본 | 다온바인텍

ISBN 978-89-04-08247-6 (03230)

저작권자의 허락없이 이 책의 일부 또는 전체를
무단 복제, 전재, 발췌하면 저작권법에 의해 처벌을 받습니다.

김남준 목사의

절기
설교

저자 서문

절기 설교로 기독교 진리의 정수를 깨우치다

오래 목회를 해도 쉽지 않은 일 중 하나는 절기 설교를 하는 것입니다. 다른 때엔 하고 싶은 것을 설교하면 되지만 절기 때는 해야 할 것을 설교해야 하기 때문입니다. 더욱이 한두 해 전에 한 설교를 반복할 수도 없으니, 그것은 때로 설교자로서 고충으로 다가오기도 합니다.

그러나 절기 설교는 기독교 진리의 중요 기둥들을 역사적 사건을 따라 선포한다는 점에서 장점도 있습니다. 기독교 신앙을 세워 주는 중요한 역할을 하기 때문입니다.

여기에 실린 설교문은 제가 실제로 각 절기에 했던 설교 원고들입니다. 한편으로 이 책을 읽는 성도들에게 기독교 진리의 중요한 기둥들을 절기를 따라 알게 하기 위해서, 또 한편으로는 저와 같은 어려움을 겪는 설교자들에게 도움을 주기 위해서 출판하였습니다.

원고를 읽으면서 그때 말씀을 주셨던 하나님과 그 말씀을 통해 하나님을 만나던 헤아릴 수 없이 많은 성도들의 얼굴이 떠올랐습니다. 그리고 그 모든 세월 동안의 보잘것없는 섬김이 오직 하나님의 은혜였음을 새삼 느끼며 하나님을 찬송하게 되었습니다. 이 작은 책을 읽는 분들의 마음에도 제게 부어 주셨던 기독교 신앙의 골격과 같은 진리의 말씀이 큰 은혜로 다가오길 간절히 기도합니다.

2020년 8월 24일
그리스도의 노예 **김남준**

목차

저자 서문 절기 설교로 기독교 진리의 정수를 깨우치다 / 04

제1장 신년 예배 설교 / 09
새로운 삶을 사는 비결은 무엇인가?
수치를 굴려 버리라

제2장 고난주간 설교 / 29
그리스도께서는 왜 낮아지셨는가?
그리스도와 십자가

제3장 부활주일 설교 / 49
부활의 생명을 누리고 있는가?
예수 부활과 우리 생명

제4장 어린이주일 설교 / 69
자녀를 어떻게 길러야 하는가?
자녀를 사랑하라

제5장 어버이주일 설교 / 87
사랑으로 부모를 섬기고 있는가?
부모를 공경하라

제6장 온가족전도주일 설교 / 105
참된 행복에 이르는 길은 무엇인가?
천지 창조와 인간

제7장 성령강림주일 설교 / 123
성령과 교회, 세상의 회복은 어떤 관계가 있는가?
성령 강림과 하나님의 구원 계획

제8장 추수감사주일 설교 / 141
영원한 감사의 제목은 무엇인가?
가장 큰 감사의 이유

제9장 성탄 예배 설교 / 159
임마누엘로 오신 예수님을 만나고 있는가?
성탄의 영광과 기쁨

제1장

신년 예배 설교

새로운 삶을 사는 비결은 무엇인가?

수치를 굴려 버리라

그때에 여호와께서 여호수아에게 이르시되 너는 부싯돌로 칼을 만들어 이스라엘 자손들에게 다시 할례를 행하라 하시매……그 모든 백성에게 할례 행하기를 마치매 백성이 진중 각 처소에 머물며 낫기를 기다릴 때에 여호와께서 여호수아에게 이르시되 내가 오늘 애굽의 수치를 너희에게서 떠나가게 하였다 하셨으므로 그 곳 이름을 오늘까지 길갈이라 하느니라 수 5:1-9

누구나 새해가 되면 실패했던 삶에서 돌이키고 싶어합니다. 그러나 새로운 달력이 시작되었다고 저절로 새 삶을 살게 되는 것은 아닙니다. 그러면 어떻게 해야 새 삶을 살 수 있을까요? 우리는 그 비결을 본문 말씀을 통해 살펴보려고 합니다.

이스라엘은 40년 광야 생활을 마치고, 홍해를 건넌 것처럼 하나님의 능력으로 요단을 건넜습니다(수 3:17). 그 소식을 들은 가나안 사람들은 마음에 큰 두려움을 느꼈습니다.

"요단 서쪽의 아모리 사람의 모든 왕들과 해변의 가나안 사람의 모든 왕들이 여호와께서 요단 물을 이스라엘 자손들 앞에서 말리시고 우리를 건너게 하셨음을 듣고 마음이 녹았고 이스라엘 자손들 때문에 정신을 잃었더라"(수 5:1).

무엇 때문입니까? 왜 가나안 사람들의 마음이 녹았습니까? 이스라엘의 최신식 무기를 보았습니까? 아닙니다. 당시 가나안은 아주 높은 수준의 청동기 문명을 소유하고 있었지만 이스라엘은 그 정도에는 이르지 못했습니다. 가나안에는 높은 성벽과 발달한 농경 문화가 있었습니다. 그러나 이스라엘은 40여 년을 광야에서 떠돌던 무리였습니다.

그런데도 가나안 사람들이 이스라엘을 두려워한 이유가 무엇입니까? 이는 가나안 사람들이 이스라엘과 함께하는 신(神)을 두려워했기 때문입니다. 위대한 하나님께서 함께하시지 않으면 보여줄 수 없는 능력과 기적을 이스라엘을 통해 보았기 때문입니다(수 2:9–11).

전쟁에서 가장 유용한 전술은 적(敵)의 심리를 이용하는 것입니다. 적군의 상황이 이러하니 이스라엘에게는 지금이 절호의 기회였습니다. 가나안 사람들이 큰 두려움에 떨고 있는 지금이야말로 이스라엘 군대는 파죽지세로 진격해야 할 때였습니다. 그런데 하나님께서는 길갈이라는 곳에서 이스라엘의 행로를 잠시 멈추게 하십니다. 그리고 가나안 정복에 앞서 중요한 종교 의식을 먼저 실행하게 하십니다. 그것은 바로 '할례'(割禮)입니다.

수치를 떠나기게 하심

이스라엘 남자는 난 지 8일 만에 할례를 받습니다. 이 규례는 아브라함 때에서부터 그친 적 없이 시행되었습니다(창 17:10). 그러나 애굽에서 할례 받았던 사람들은 광야에서 죽었고, 광야에서 태어난 사람들은 아직 할례를 받지 못한 상태였습니다(수 5:4-5). 그리하여 이스라엘은 할례 없는 자가 되었습니다. 이것이 하나님께서 이스라엘 백성들에게 할례를 행하도록 명하신 이유입니다.

"그때에 여호와께서 여호수아에게 이르시되 너는 부싯돌로 칼을 만들어 이스라엘 자손들에게 다시 할례를 행하라 하시매"(수 5:2).

할례는 남자의 포피(包皮)를 잘라 벗겨 내는 일종의 외과적 수술입니다. 그렇기에 할례를 받으면 며칠 동안 아프게 됩니다(창 34:25). 이때 할례 받은 자들은 싸움은커녕 거동도 불편해집니다. 그러니 전쟁이 코앞에 있을지도 모르는 상황에서 장정들이 일시에 할례를 받는다는 것은 전술에 있어서 매우 어리석은 일입니다. 만약 이스라엘이 통증 때문에 누워 있을 때 적들이 쳐들어온다면 속수무책으로 당할 것이기 때문입니다.

그러나 여기에 신앙의 신비가 있습니다. 가나안 정복은 칼과 창으로 하는 것이 아닙니다. 그것은 하나님께 속한 전쟁입니다. 이스라엘에게 요구되는 것은 단지 하나님의 말씀에 순종하는 것이었습니다. 이스라엘은 할례를 행함으로써 하나님을 향한 믿음을 온몸으로 고백하였습니다.

애굽의 수치

할례 후 이스라엘이 낫기를 기다릴 때에 하나님께서는 매우 중요한 선언을 하십니다.

"여호와께서 여호수아에게 이르시되 내가 오늘 애굽의 수치를 너희에게서 떠나가게 하였다……"(수 5:9).

하나님께서는 애굽의 수치(羞恥)를 떠나가게 하셨다고 말씀하십니다. 그렇다면 '애굽의 수치'란 무엇일까요? '애굽의 수치'는 '애굽에서의 수치'입니다. 이는 이스라엘이 수백 년 동안 애굽에서 어떤 처지였는지를 생각하면 잘 알 수 있습니다.

이스라엘은 노예(奴隷)였습니다. 수백 년을 하층민 중의 하층민으로 살았습니다. 가장 더럽고 험한 일을 하던 사람들이었고, 애굽인들에게 그들은 물건과도 같은 존재였습니다. 이것이 이스라엘의 수치였습니다.

신분의 수치보다 더 부끄러운 것은 내면의 수치였습니다. 노예에게는 노예의 마음이 있습니다. 그들에게 무슨 비전이 있었겠습니까? 자신의 삶을 능동적으로 개척할 수 있었겠습니까? 노예는 습성적으로 오늘 하루 얻어맞지 않고 배부르게 먹을 수만 있다면 만족하는 사람들입니다. 그 이상을 생각할 수 없는 피동적인 내면을 가진 사람이 노예입니다.

이스라엘은 수백 년을 그렇게 살았습니다. 자유인이 되는 꿈과 희망은 거의 사라졌습니다. 삶의 개선이나 개혁은 바랄 의지조차 없었습니다. 깊은 패배 의식과 절망에 사로잡혀 살아온 날들이었습니다. 그들 내면에 깊이 자리잡은 이 노예 정신이야말로 그들의 수치였습니다.

이스라엘은 출애굽과 동시에 노예의 신분에서 벗어났습니다. 그렇지만 사고방식은 하루아침에 달라지지 않았습니다. 노예로 살던 그 생활, 그 기질 그대로 광야로 나왔습니다. 하나님 나라 백성으로서의 고귀함보다는 육적인 것들에 사로잡힌 상태였습니다.

노예의 성향은 단지 먹고 사는 일에 집중케 하였습니다. 풍족하게 먹을 수만 있다면 이스라엘에게 그곳은 애굽이어도 상관없었습니다. 광야의 결핍 앞에서 그들이 끊임없이 애굽으로 돌아가고자 했던 것도 바로 이 때문이었습니다(출 16:3, 17:3). 그들은 약속의 땅에서 주인으로 사는 것보다 노예로 사는 것이 더 어울리던 사람들이었습니다.

광야에서 겪은 고난의 시간은 운명(運命)처럼 몸에 배어 있던 노예의 기질들을 벗겨 내는 시간이었습니다. 이스라엘은 어떻게 하나님 나라의 백성으로 살아야 하는지, 어떻게 하나님을 섬겨야 하는지를 광야의 수많은 실패 속에서 배워야 했습니다. 그리고 그들을 따라다녔던 불순종과 신앙의 실패는 길갈에서 모두 떠나가게 되었습니다.

"……내가 오늘 애굽의 수치를 너희에게서 떠나가게 하였다……"(수 5:9).

여기서 '떠나가게 하였다.'는 히브리어 성경에 완결형으로 기록되어 있습니다. 화자(話者)의 시점에서 떠나가게 하는 동작이 이미 완료된 것입니다. 이스라엘은 하나님의 이 선언으로 수백 년 동안 짊어지고 있던 애굽의 수치를 벗어 버렸습니다. 이제 그들은 도망친 노예 집단이 아니었습니다. 더 이상 불순종하는 백성이 아니었습니다. 순수한 마음으로 하나님을 사랑하는 사람들이었으며, 약속의 땅에 어울리는 하나님의 자녀였습니다. 이 일은 하나님의 능력으로 단번에 이루어졌습니다.

우리의 처지도 이스라엘과 다르지 않습니다. 예수 그리스도를 만나기 전에 우리는 죄(罪)의 노예였습니다. 어떻게 하여도 죄에서 벗어날 수 없는 존재였습니다. 그런 우리를 그리스도께서 자유케 하셨습니다(요 8:34-36). 우리를 죄에서 건져 내어 하나님의 자녀가 되게 하셨습니다. 그러나 우리에게는 여전히 죄성이 남아 있어 때때로 죄의 노예처럼 살아갈 때가 있으니, 그것이 아직 우리에게 남아 있는 수치입니다.

한 해를 새롭게 시작하기 전에 생각해야 할 것이 있습니다. 그것은 자신의 수치가 무엇인지를 아는 것입니다(렘 3:3, 습 3:5). 그래야 무엇을 버려야 하는지도 알 것이기 때문입니다. 우리는 신앙의 회복을 원하지만 그것을 위해 몇 번 도전하다가 실패하면 단념해 버립니다. 환경에 순응하며 사는 것을 운명처럼 여기기도 합니다. 때로는 아무리 몸부림쳐도 소용없을 것이라고 생각하기도 합니다. 그래서 하나님 나라의 가치를 포기하고 세상 나라의 가치를 따를 때도 있습니다. 우리를 수치스럽게 하는 것은 우리 밖에 있지 않습니다. 우리 안에 있습니다.

회심하기 전, 바울은 비방자요 박해자요 폭행자였습니다(딤전 1:13). 그는 예수 믿는 사람을 죽이기까지 하고 남녀를 결박하여 옥에 넘기기까지 하던 사람이었습니다(행 22:4). 그러나 회심한 후에는 그리스도를 위해 자신의 모든 것을 허비하는 사람이 되었습니다(고후 12:15, 딤후 4:6). 그리스도의 충성스러운 일꾼이 되었습니다.

요한의 별명은 '우레의 아들'이었습니다(막 3:17). 이는 그의 성격이 얼마나 불같이 과격하였을지를 보여줍니다(눅 9:54). 그러나 부활하신 그리스도를 만난 후 그는 변했습니다. 그의 편지에는 성도와 교회를 향한 근심 어린 사랑이 가득합니다(요삼 1:13-14).

오네시모는 주인에게 큰 손해를 입히고 도망친 노예였습니다(몬 1:18). 그러나 후에 그는 바울을 통해 예수 그리스도를 알게 되었습니다. 그리스도를 주님으로 받아들인 후에는 바울의 심복이자 하나님 나라에 유익한 종이 되었습니다(몬 1:10-11).

수많은 사람들이 예수 그리스도를 만나고 새로운 삶을 살게 되었습니다. 복음의 능력이 그의 삶에 나타난 것입니다. 하나님께서는 우리에게도 이런 복된 삶을 약속하셨습니다. 그러나 그 전에 우리의 수치를 굴려 버리시는 하나님의 은혜가 있어야 합니다.

길갈이라 칭함

하나님께서는 순종함으로 할례를 행한 이스라엘의 수치를 떠나가게 하셨습니다. '수치가 떠나갔다.'라고 선언하셨습니다. 이 선언이 얼마나 큰 사건이었는지 그곳의 지명까지 바뀌었습니다.

"……그곳 이름을 오늘까지 길갈이라 하느니라"(수 5:9).

길갈의 의미에 대해서는 여러 의견이 있지만 대부분의 주석가들은 '수레바퀴'를 뜻한다고 봅니다. 곧 '수레바퀴, 발로 밟아서 돌리는 바퀴'라는 의미를 지닌 히브리어 갈갈에서 왔다고 봅니다(사 5:28, 28:28, 렘 47:3). 따라서 이 구절은 하나님께서 애굽의 수치를 수레바퀴처럼 굴려 버리셨다는 의미가 됩니다.

이스라엘 백성들에게 애굽의 수치는 더러운 모욕거리였고, 누구나 피하고자 하는 바였습니다. 하나님께서는 이스라엘을 따라다녔던 수치, 곧 나쁜 평판과 노예의 이력들을 수레바퀴처럼 굴려 버리사 모두 떠나가게 하셨습니다. 압박과 설움 속에서 고통을 겪으며 살아온 날들을 사라지게 하셨습니다. 그렇게 하심으로써 부끄러운 노예살이의 수치는 사라졌고 그들의 존귀함은 회복되었습니다(사 43:4).

이 세상에서 겪고 있는 수치가 무엇이든지 간에 그것은 우리의 운명이 아닙니다. 하나님께서 이스라엘에게 가나안을 약속하셨던 것처럼, 그리스도 예수 안에 있는 사람들에게 새 삶을 약속하셨습니다. 그래서 죄와 사망에 얽매여 있던 날에서 벗어나 새로운 삶을 살 수 있게 되었습니다.

"그런즉 누구든지 그리스도 안에 있으면 새로운 피조물이라 이전 것은 지나갔으니 보라 새것이 되었도다"(고후 5:17).

작년에도 애썼지만 나아진 것이 없었는데 새해가 된다고 무엇이 나아지겠는가라고 생각할지 모릅니다. 그 모든 절망적인 생각을 굴려 버리십시오. 운명과 같았던 모든 수치가 굴러가 버릴 수 있다는 기대를 갖길 바랍니다. 용기 있게 선언하십시오. 스스로에게 말해 보십시오. "이렇게 사는 것은 하나님의 백성다운 삶이 아니다."

그리고 신앙 안에서 자신을 설득하십시오. "그리스도 안에서 풍성한 삶이 나에게 약속되었다." "나는 하나님의 능력으로 더 나은 삶을 살 수 있다." 이런 결단 속에서 믿음은 더욱 간절해지고, 하나님을 바라보며 살아갈 소망도 열렬해지게 됩니다.

할례를 받을 때

수백 년 동안 이스라엘을 붙들고 있던 수치가 떠나가는 일이 언제 일어났습니까? 할례를 받을 때였습니다. 그렇다면 하나님께서는 왜 할례 후에 이스라엘의 수치를 굴려 버리셨을까요? 이 질문에 답하기 위해서는 먼저 할례의 의미가 무엇인지 알아야 합니다.

할례의 의미: 구별과 헌신

할례가 처음 성경에 등장하는 것은 창세기 17장입니다. 아브라함은 후손을 주시겠다는 하나님의 약속을 믿지 못하고 애굽 여종 하갈을 통해 이스마엘을 낳았습니다(창 16:15). 그때 아브라함의 나이가 86세였습니다.

그 후 13년의 시간에 대해 성경은 침묵하는데, 아마 이때 아브라함은 불순종으로 인한 깊은 영적 침체(沈滯)를 경험하였을 것입니다. 아브라함이 99세가 되던 때에 하나님께서는 아브라함에게 다시 나타나셨습니다.

"아브람이 구십구 세 때에 여호와께서 아브람에게 나타나서 그에게 이르시되 나는 전능한 하나님이라 너는 내 앞에서 행하여 완전하라"(창 17:1).

하나님께서는 당신의 전능하심을 의심한 아브라함을 책망하시면서도 그에게 복을 약속하셨습니다(창 17:4-8). 그리고 아브라함과 그의 후손에게 하나님의 언약을 지킬 것을 요구하셨습니다. 이렇게 하겠다는 표징으로서 할례를 받게 하였습니다.

"하나님이 또 아브라함에게 이르시되 그런즉 너는 내 언약을 지키고 네 후손도 대대로 지키라 너희 중 남자는 다 할례를 받으라 이것이 나와 너희와 너희 후손 사이에 지킬 내 언약이니라 너희는 포피를 베어라 이것이 나와 너희 사이의 언약의 표징이니라"(창 17:9-11).

할례는 이스라엘 사람들이 하나님의 언약 백성임을 입증하는 표입니다. 할례의 표를 보면서 이스라엘 사람들은 하나님을 향한 신앙고백을 가슴에 새겼고, 하나님의 계명을 지키겠다는 결심을 굳게 하였습니다. 이 할례에는 다음 두 가지의 신학적인 의미가 있습니다.

첫째로, 세상으로부터의 구별(區別)입니다. 하나님께서는 할례를 통해서 지워지지 않는 표를 이스라엘의 마음에 새기셨습니다. 그것은 이스라엘 백성들은 세상 사람들과 구별되었다는 것입니다. 이 사실을 매일 마음에 되새기게 하기 위하여 하나님께서는 이스라엘에게 할례를 명하셨습니다.

하나님 백성의 수치는 물질적으로 가난한 것이 아닙니다. 사회적 지위가 낮은 것도 아닙니다. 세상 지식이 모자란 것도 아닙니다. 하나님 백성의 수치는 세상 사람들로부터 거룩하게 구별되지 않은 것입니다. 이 세상 사람과 똑같이 살아가는 것, 그들과 같은 사고방식 속에서 살아가는 것이 하나님의 자녀의 수치입니다.

우리는 세상과 구별된 사람들입니다. 세상 사람들과는 다른 가치관으로 살아야 하는 사람들입니다. 하나님의 말씀을 바탕으로 살아야 하는 사람들입니다. 만약 그렇지 않다면 여전히 이전의 수치를 몸에 지니고 살아가는 것입니다.

둘째로, 하나님께만 바쳐진 헌신(獻身)입니다. 이스라엘 백성들은 매일 자신의 몸에 새겨진 할례의 흔적을 봅니다. 그때마다 '나는 하나님께만 바쳐졌다. 하나님 이외에는 아무것도 나에게 주인 노릇 할 수 없다.'라는 사실을 마음에 새겼습니다.

헌신은 '배타적인 독점'에 이르도록 자기를 바치는 것입니다. 식당에 빈자리가 있는데도 그 자리에 앉을 수 없을 때가 있습니다. 다른 손님에 의해 예약되었을 때입니다. 그 자리는 이미 다른 누군가에 의해 배타적으로 독점되었습니다.

우리의 마음은 하나님께만 바쳐져야 합니다. 세상의 것들은 수시로 우리의 마음을 빼앗으려 하지만, 우리는 이미 하나님께 바쳐진 사람들입니다. 그래서 하나님 이외에 그 어떠한 것도 우리의 마음을 차지할 수 없고, 우리의 주인이 될 수 없습니다. 나조차도 나의 주인이 아닙니다. 이스라엘은 자신들의 몸에 새겨진 할례의 흔적을 보면서 하나님을 향한 이런 헌신을 마음 깊이 새겼습니다.

마음에 행할 할례

지금 우리는 가나안 땅을 정복하기 직전의 이스라엘과 같습니다. 새로운 한 해가 우리 앞에 있습니다. 하나님께서는 우리의 수치를 굴려 버리겠다고 약속하셨습니다. 그러나 그 전에 요구하시는 것이 있습니다. 우리 마음에 행하시는 할례를 받는 것입니다.

육체(肉體)의 할례는 율법을 따라 하나님의 백성이 되었다는 표입니다. 옛 언약인 율법은 예수 그리스도 안에서 성취되었습니다. 그래서 우리는 더 이상 육체에 할례를 행하지 않습니다. 그리스도께서 율법의 요구를 담당하시고 십자가에서 죽으심으로 율법의 요구를 이루셨기 때문입니다(롬 8:3-4).

그러나 할례가 지니고 있던 신학적 의미는 새 언약 안에서 더욱 강조됩니다. 그것은 우리가 그리스도 안에서 세상과 구별되었고, 하나님께만 바쳐졌다는 것입니다.

그러므로 우리는 마음에 할례를 받아야 합니다(신 10:16). 수많은 악과 더러운 것들이 우리의 마음속에서 솟아납니다. 이것들은 우리로 하여금 하나님의 백성으로서의 독특성을 잃어버리게 하고 세상 사람들과 똑같은 사람들이 되게 합니다. 그로 인해 세상이 우리에게 주인 노릇 하게 됩니다.

그래서 하나님께서는 이스라엘과 그 자녀들이 대대로 마음에 할례를 받은 자들이 되기를 원하셨습니다.

"네 하나님 여호와께서 네 마음과 네 자손의 마음에 할례를 베푸사 너로 마음을 다하며 뜻을 다하여 네 하나님 여호와를 사랑하게 하사 너로 생명을 얻게 하실 것이며"(신 30:6).

겉모양이 그리스도인 같다고 해서 그리스도인이 아닙니다. 내면의 세계가 변화되어야 합니다. 영혼이 변해야 합니다. 그래서 히브리인 중의 히브리인으로 태어나 유대주의자로 살았던 사도 바울은 회심 후에 다음을 깨달았습니다.

"무릇 표면적 유대인이 유대인이 아니요 표면적 육신의 할례가 할례가 아니니라 오직 이면적 유대인이 유대인이며 할례는 마음에 할지니 영에 있고 율법 조문에 있지 아니한 것이라 그 칭찬이 사람에게서가 아니요 다만 하나님에게서니라"(롬 2:28-29).

그러기에 이스라엘의 할례도 육체의 것에 머무를 것이 아니라 마음에 받아야 했습니다. 마음을 덮고 있는 죄의 가죽, 그 안에서 자라는 각양 더러운 탐심과 하나님의 영광을 가리는 모든 것들을 베어 내어야 했습니다.

"유다인과 예루살렘 주민들아 너희는 스스로 할례를 행하여 너희 마음 가죽을 베고 나 여호와께 속하라……"(렘 4:4).

새해에 다른 삶을 살고 싶다면 먼저 은혜를 받으십시오. 영혼의 변화를 받아 마음에 할례를 행하십시오.

지난해와 같은 마음, 세상 사람들과 동일한 마음, 자기 욕망에 사로잡힌 부정한 마음으로는 새로운 삶을 살 수 없습니다. 다르게 살고 싶다면 속사람이 달라져야 합니다. 새해가 참으로 새로워지기 위해서는 마음이 새로워져야 합니다. 이스라엘 백성들이 약속의 땅에 들어가기 전 할례를 행한 이유가 여기에 있습니다.

마음에 할례를 받기 위해서는 먼저, 영적인 눈을 떠서 자신의 상태가 어떠한지를 헤아려야 합니다. 자신에게 수치스러운 것이 있음을 깨닫고 마음에 할례가 필요하다는 사실을 인정해야 합니다.

다음으로, 자신의 마음 가죽을 베어야 합니다. 말씀의 칼로 마음 가죽 베기를 힘써야 합니다. 히브리서 기자의 선언처럼 하나님의 말씀은 살아 있고 활력이 있어 좌우에 날선 어떤 검보다도 예리합니다(히 4:12). 그래서 하나님의 말씀은 우리의 영혼과 삶의 약입니다. 성령이 드러낸 불결한 부분을 말씀의 칼로 도려내어야 합니다. 이는 말씀을 깨달음으로써 행하는 회개를 말합니다. 진실한 회개와 믿음을 통해서, 성령의 역사로 말미암아 우리 마음은 새로워집니다.

마음에 할례를 받을 때 우리는 새로운 삶을 살게 됩니다(롬 12:2). 하나님께서는 우리의 겉모양을 먼저 바꾸는 것이 아니라 마음을 먼저 변화시킵니다. 모든 삶의 변화는 거기서 시작되기 때문입니다.

맺는말: 수치를 굴려 버리라

우리가 풍성한 삶을 살지 못하는 것은 단지 환경 때문이 아닙니다. 우리의 마음이 불결하여 하나님께 구별되지 않았기 때문입니다. 하나님께만 바쳐지지 않았기 때문입니다. 지난해에 실패한 삶의 수치가 여기에 있습니다. 하나님의 자녀이면서도 세상의 자녀처럼 살고 하나님의 사랑에 매여 있으면서도 세상에서 번영하고자 하는 욕망에서 벗어나지 못하는 것이 우리의 수치이고, 모든 불결을 품고 있는 마음 가죽입니다. 이제 이것을 베어 버려야 합니다.

신앙에 중간 지대는 없습니다. 하나님을 택하느냐, 세상을 택하느냐 둘 중 하나입니다(수 24:15). 만약 여러분이 세상을 사랑하던 옛사람을 버려 하나님께 속한다면 하나님께서는 아무것도 아끼지 않으실 것입니다. 예수 그리스도까지 십자가에 내어 주신 분이 무엇을 아끼시겠습니까?(롬 8:32) 하나님께서는 우리의 모든 수치를 굴려 버리시고, 그리스도 안에 있는 풍성한 복을 베풀어 주실 것입니다(요 10:10).

그러므로 새롭게 맞이하는 한 해를 새롭게 살고 싶다면 영혼의 변화를 받으십시오. 마음에 할례를 받아 마음을 새롭게 하십시오. 마음에서 인격이, 그리고 삶이 흘러나옵니다. 할례를 받음으로써 마음을 새롭게 하여, 새해에는 승리하는 삶을 사는 성도들이 되길 바랍니다.

새로운 삶을 사는 비결은 무엇인가?

한눈에 보는 제1장 신년 예배 설교

수치를 굴려 버리라

"……그때에 여호와께서 여호수아에게 이르시되 너는 부싯돌로 칼을 만들어 이스라엘 자손들에게 다시 할례를 행하라 하시매……그 모든 백성에게 할례 행하기를 마치매 백성이 진중 각 처소에 머물며 낫기를 기다릴 때에 여호와께서 여호수아에게 이르시되 내가 오늘 애굽의 수치를 너희에게서 떠나가게 하였다 하셨으므로 그곳 이름을 오늘까지 길갈이라 하느니라"(수 5:1-9).

- 이스라엘은 40년 광야생활을 마치고 홍해를 건넌 것처럼 요단을 건넜다.
- 하나님께서는 요단을 건넌 이스라엘을 길갈에 세우시고 할례를 명하신다.

I. 수치를 떠나가게 하심
- 이스라엘 남자들은 난 지 8일 만에 할례를 받는다.
- 그러나 광야에서 태어난 사람들은 아직 할례를 받지 못한 상태였다.
- 그리하여 하나님께서 할례를 명하셨다.
- 이스라엘이 할례 후 낫기를 기다릴 때에 하나님께서는 중요한 선언을 하신다.
  "……내가 오늘 애굽의 수치를 너희에게서 떠나가게 하였다……"(수 5:9).

1. 애굽의 수치
- 애굽의 수치는 애굽에서의 종된 신분과 노예 의식 가득한 그들의 내면을 말한다.
- 하나님께서는 이 수치를 이스라엘에게서 단번에 떠나가게 하셨다.
- 우리는 전에 죄의 노예였다. 하지만 십자가의 은혜로 하나님의 자녀가 되었다.
- 그렇지만 여전히 우리 안에는 죄성이 있어, 우리를 죄의 노예로 살게 한다.
- 하나님께서는 은혜를 내려주심으로써 우리가 죄의 노예로 살지 않게 하신다.

2. 길갈이라 칭함
- 애굽의 수치가 떠나가게 된 일이 얼마나 큰 사건이었는지 그곳 지명이 바뀌었다.
- 하나님께서는 이스라엘의 모든 수치를 단번에 굴려 버리셨다.
- 이 세상에서 겪고 있는 수치가 무엇이든지 간에 그것은 우리의 운명이 아니다.
- 하나님께서 이스라엘에게 새 삶을 약속하신 것처럼 우리도 새 삶을 약속받았다.
- 그러므로 모든 절망적인 생각을 버려라. 하나님의 능력으로 보다 나은 삶을 살 수 있음을 믿으라.

II. 할례를 받을 때

- 할례의 기원은 아브라함 때로 올라간다 (창 17:9-11).
- 하나님께서는 아브라함에게 복을 약속하시고, 그에 대한 증표로 할례를 명하셨다.
- 할례에는 다음 두 가지의 신학적 의미가 있다.

1. 할례의 의미: 구별과 헌신

- 첫째로, 세상으로부터의 구별이다. 이스라엘 백성은 세상과 구별된 사람들이다.
- 이것을 매일 인식하게 하기 위해 몸에 할례를 행했다.
- 그리스도인은 세상과 구별된 사람들이다.
- 세상과 다른 가치관으로, 다른 방식으로 살아야 하는 사람들이다.
- 둘째로, 하나님께만 바쳐졌음을 뜻하는 헌신이다.
- 그래서 하나님 이외에 그 무엇도 이스라엘에게 왕 노릇 할 수 있는 것이 없다.
- 그리스도인의 마음과 삶은 이미 하나님께만 바쳐졌다. 이 세상도, 우리 자신도, 우리 안에서 주인 노릇 할 수 없다. 하나님만이 우리의 주인이시다.

2. 마음에 행할 할례

- 육체의 할례는 율법을 따라 하나님의 백성이 되었다는 표다.
- 옛 언약은 그리스도 안에서 성취되었기에 더 이상 육체의 할례를 행하지 않는다.
- 그렇지만 할례에 담긴 신학적 의미는 더 깊어졌다.
- 우리는 마음에 할례를 받아야 한다.
- 악과 더러운 것들이 솟아나는 마음 가죽을 베어야 한다. 그때 새 삶을 살게 된다.

III. 맺는말: 수치를 굴려 버리라

- 달력이 새로워졌다고 저절로 새 삶을 살게 되는 것은 아니다.
- 마음이 새로워져야 새 삶을 살 수 있다.
- 마음에 할례를 행함으로 새해에는 새 삶을 사는 성도들이 되길 바란다.

제2장

고난주간 설교

그리스도께서는 왜 낮아지셨는가?

그리스도와 십자가

너희 안에 이 마음을 품으라 곧 그리스도 예수의 마음이니 그는 근본 하나님의 본체시나 하나님과 동등됨을 취할 것으로 여기지 아니하시고 오히려 자기를 비워 종의 형체를 가지사 사람들과 같이 되셨고 사람의 모양으로 나타나사 자기를 낮추시고 죽기까지 복종하셨으니 곧 십자가에 죽으심이라 빌 2:5-8

기독교(基督敎)의 핵심은 십자가(十字架)입니다. 십자가가 있기에 부활도 있는 것입니다. 십자가에서의 예수님의 죽음은 단지 2천 년 전에 있었던 역사적인 사건이 아닙니다. 지금도 예수님과 함께 죽는 것을 경험한 사람들은 예수님과 함께 살아나는 부활의 기쁨을 누립니다(갈 2:20).

십자가를 뜻하는 당시 헬라어 스타우로스에는 본래 그 어떤 종교적인 의미도 없었습니다. 단지 땅에 굳게 박힌 기둥이나 죄인을 처형하기 위해 사용된 십자형 막대를 의미하였을 뿐입니다.

스타우로스라는 단어에 종교적인 의미가 부여된 것은 그리스도의 제자들의 복음 전도 때문이었습니다. 예수 그리스도께서 십자가의 죽음으로 인류의 죄를 대속(代贖)하셨다는 복음의 소식이 전해지면서 십자가는 기독교의 상징이 되었습니다. 저주의 상징이었던 사형틀이 인류를 향한 하나님의 사랑과 구원의 표지가 된 것입니다.

사람으로 오신 하나님

불교는 석가모니 없이도 존재할 수 있고, 이슬람은 마호메트 없이도 존속 가능합니다. 그러나 기독교는 그렇지 않습니다. 기독교는 철저히 예수 그리스도 한 분께 매여 있습니다. 그리스도 없이는 기독교도 없습니다. 그만큼 예수 그리스도께서는 기독교 신앙의 핵심입니다.

그렇다면 기독교에서 바라보는 예수 그리스도는 어떤 분이실까요? 사도 바울은 이에 대해 이렇게 말합니다.

"너희 안에 이 마음을 품으라 곧 그리스도 예수의 마음이니 그는 근본 하나님의 본체시나 하나님과 동등됨을 취할 것으로 여기지 아니하시고"(빌 2:5-6).

성경은 그리스도께서 '하나님의 본체(本體)'시라고 말합니다. 쉽게 말하면 예수 그리스도께서는 하나님과 동일한 본질을 가지신 분이시라는 뜻입니다. 그리스도께서는 영원 전부터 계신 하나님이십니다(요 17:5). 온 세상이 그로 말미암아 창조되었고(요 1:1-3), 그분을 위해 지어졌습니다(골 1:16-17). 지금도 그분이 세상을 다스리고 계십니다(히 1:3).

예수 그리스도께서는 하나님과 동일하신 분으로, 영화로우심에 있어서도 그러합니다(히 1:3). 성경은 예수 그리스도의 영광에 대해 이렇게 말합니다.

"말씀이 육신이 되어 우리 가운데 거하시매 우리가 그의 영광을 보니 아버지의 독생자의 영광이요 은혜와 진리가 충만하더라"(요 1:14).

이렇게 영광스러운 분이 인간을 구원하기 위해 하늘 영광을 버리고 이 땅에 오셨습니다. 하나님이신 그리스도께서 세상을 구원하기 위해 인간의 몸을 입고 낮고 낮은 곳으로 오셨습니다. 그리고 마지막에는 십자가에서 자기의 몸을 찢어 속죄제물이 되셨습니다.

만약 우리가 십자가에 못 박히신 예수 그리스도께서 하나님이시라는 사실을 알지 못한다면 십자가 앞에서 흘리는 눈물은 선한 사람을 위해 흘리는 것에 지나지 않을 것입니다. 그저 고통받는 사람들을 위하여 자기 목숨을 버린 의로운 사람을 향해 흘리는 눈물일 것입니다. 우리가 십자가를 보면서 마음 아파하고 한없이 감동받는 것은 인간으로 오신 그분이 실은 하나님이셨기 때문입니다.

인간은 하나님을 반역(反逆)하습니다. 하나님이신 그리스도의 얼굴에 침을 뱉었고, 그분을 미워하였습니다. 그분을 통해 이뤄질 하나님의 통치에 지독하게 저항하였습니다. 그러나 하나님께서는 우리를 사랑하셨습니다. 그래서 당신의 독생자를 세상에 보내셨습니다(요 3:16). 하나님이신 예수 그리스도께서 당신에게 반역한 인간을 구원하러 세상에 오셨습니다. 우리가 십자가를 바라볼 때마다 한없는 감동을 받는 이유가 여기에 있습니다.

그리스도께서는 사람으로 오셨을 뿐만 아니라 끊임없는 포기(抛棄)의 삶을 사셨습니다. 죄인을 구원하기 위해 이 세상에 오신 그분이 얼마나 많은 것들을 포기하셨는지 보십시오. 예수 그리스도께서는 하나님이심에도 불구하고 가난한 집의 아이로 태어나 말구유에 누우셨습니다(눅 2:16). 죄인들과 동일하게 취급되어 온갖 멸시와 천대를 받으셨습니다. 자신이 사랑한 백성들에게 싫어 버린 바 되셨습니다(사 53:3).

여러분은 그리스도를 위해 무엇을 포기한 적이 있습니까? 예수님을 믿었기 때문에 사랑하던 것을 버린 경험이 있습니까? 창조주의 영광을 버리신 그리스도 때문에 세상 사랑을 버린 적이 있느냐는 것입니다.

그리스도인의 삶은 끊임없는 포기의 연속입니다. 세상을 위해 너무 많은 것을 짊어지고는 자기 십자가를 질 수 없습니다(마 10:37-38). 그리스도의 복음에 합당한 생활을 하기 위해서는 끊임없이 포기하는 법을 배워야 합니다. 이 일은 매우 어렵습니다. 세상이나 자기 자신을 바라볼 때는 할 수 없습니다. 오직 우리를 사랑하여 하늘 영광을 버리신 그리스도를 바라볼 때에야 이러한 삶이 가능합니다(히 12:2).

낮아지신 예수님

부자로 살다가 갑자기 가난하게 된 사람을 만날 때가 있습니다. 그것은 그들에게 엄청난 스트레스입니다. 그리하여 어떤 사람들은 자신의 삶을 비관하며 극단적인 선택을 하기도 합니다. 누구나 낮은 대접을 받으면 분노합니다. 모든 사람이 타인에게 대단한 사람으로 여겨지기를 바랍니다.

예수 그리스도께서는 하나님이십니다. 그럼에도 불구하고 사람의 몸을 입고 세상에 오셨습니다. 하나님과 동일할 것을 거절하시고 낮고 천한 몸으로 이 땅에 오셨습니다.

"오히려 자기를 비워 종의 형체를 가지사 사람들과 같이 되셨고 사람의 모양으로 나타나사 자기를 낮추시고 죽기까지 복종하셨으니 곧 십자가에 죽으심이라"(빌 2:7-8).

우리는 이 구절에서 그리스도의 낮아지심을 네 가지로 생각해 볼 수 있습니다. 그것은 자기를 비우시고, 종으로 오시고, 복종하시고, 죽으신 그분의 생애(生涯)로 입증되었습니다.

자기를 비우신 예수님

첫째로, 예수 그리스도께서는 자기를 비우셨습니다. 많은 사람들이 '자기를 비우셨다.'라는 구절이 무엇을 의미하는가에 대해 치열하게 논쟁을 벌였습니다.

어떤 사람들은 그리스도께서 이 땅에 계실 때는 하나님이시기를 포기하셨다는 의미라고 말합니다. 이 땅에서 그리스도께서는 순수한 인간일 뿐, 하나님은 아니었다는 것입니다.

그렇지만 이 해석은 잘못된 것입니다. 그리스도께서는 사람으로 세상에 계실 때도 하나님이셨습니다(히 13:8). 그분은 하나님이신 동시에 온전한 사람으로 십자가에 못 박히셨습니다. 만약 그렇지 않았다면 흠 없는 제물이 될 수 없었을 것입니다.

그렇다면 '비웠다.'의 의미는 무엇일까요? 이는 예수 그리스도께서 하나님으로서 나타내 보일 수 있는 영광을 스스로 감추셨다는 뜻입니다. 그분은 여전히 하나님이셨으나 '종의 형체'를 입으신 동안에는 하나님 아버지보다 못하신 분이시기를 자처하셨습니다. 신성(神性)을 인성(人性) 아래 감추신 것입니다.

예수 그리스도께서는 자기를 비우셨을 뿐 아니라 사람들과 같은 모양이 되셨습니다. 모양만 같아진 것이 아니라 사람들이 경험하는 모든 아픔과 쓰라림, 연약함과 고통을 경험하셨습니다(히 4:15).

안 잡수시면 시장하셨고, 많이 걸으면 피곤하셨습니다(요 4:6). 죄는 없으셨지만 죄 있는 사람처럼 세례를 받으셨습니다(막 1:9). 한 번의 기도로 수천 명을 먹이실 수 있는 분이 기적에 의지하는 대신 일용할 양식(糧食)을 위해 매일 기도하셨습니다(마 6:11).

하나님이신 그리스도께서 우리와 같은 사람의 모습이 되신 뜻을 우리는 모두 알 수 없습니다. 그렇지만 한 가지 깨닫는 것이 있습니다. 그것은 그리스도께서 인간의 처지에서 순종(順從)을 이해하기에 이르셨다는 것입니다(히 5:8).

그리스도께서는 고난받으심으로써 인간을 이해하셨습니다. 그리고 우리의 연약함을 아는 대제사장이 되셨습니다. 그런 분이 계시기에 우리는 하나님의 보좌 앞으로 담대히 나아갈 수 있게 되었습니다.

"우리에게 있는 대제사장은 우리의 연약함을 동정하지 못하실 이가 아니요 모든 일에 우리와 똑같이 시험을 받으신 이로되 죄는 없으시니라 그러므로 우리는 긍휼하심을 받고 때를 따라 돕는 은혜를 얻기 위하여 은혜의 보좌 앞에 담대히 나아갈 것이니라"(히 4:15-16).

종으로 오신 예수님

둘째로, 예수 그리스도께서는 종의 형체(形體)로 오셨습니다. 그분은 두 가지 의미에서 종이셨습니다.

첫째로는, 그리스도께서는 하나님을 섬기는 종이셨습니다. 그분은 성자 하나님이셨음에도 불구하고 성부 하나님을 섬기셨습니다. 마치 인간이 어떻게 하나님을 섬겨야 하는지를 보여주려는 듯 말입니다. 하나님을 섬긴다는 것은 하나님의 뜻을 행하는 것을 말합니다. 이것이 예수 그리스도께는 양식이었습니다.

"예수께서 이르시되 나의 양식은 나를 보내신 이의 뜻을 행하며 그의 일을 온전히 이루는 이것이니라"(요 4:34).

사도 바울은 인간을 '종의 형체'라고 말합니다. 우리는 여기에서 인간이 누구인지를 배웁니다. 인간은 하나님의 종입니다. 자신이 한낱 피조물인 줄 알고 하나님을 섬겨야 하는 존재입니다. 하나님의 뜻을 이루며 사는 것이 인간의 본분인 것입니다.

그래서 진정으로 의미 있는 삶을 살기 위해서는 하나님을 사랑하며 섬겨야 합니다. 그렇지 않으면 세상에서 무엇을 누리고, 무엇을 갖든지 그것이 그를 복된 길로 인도하지 못합니다. 왜냐하면 우리를 종되게 지으신 하나님의 뜻에서 벗어났기 때문입니다.

인간의 모든 불행이 어디에서 옵니까? 자신의 인생을 자신의 것으로 알아 스스로 원하는 것을 하고자 하는 데서 불행이 시작됩니다.

자기 보기에 좋은 것들을 추구할 때 인간은 죄악으로 달음질칩니다. 왜냐하면 자기를 하나님보다 더 사랑하는 사람은 참으로 올바른 것을 선택할 수 없기 때문입니다. 그때 하나님과의 관계는 깨뜨려지고 다른 사람들과의 관계도 상처와 고통으로 일그러집니다. 이 모든 불행 뒤에는 자기가 온 우주의 중심이기에 최고의 가치는 자신의 만족이라는 사상이 있습니다.

역사의 주관자는 하나님이십니다. 인간은 그분의 손에 붙들린 도구에 지나지 않습니다. 인간의 행복은 하나님께서 지정하신 본래의 자리로 돌아가는 데에서 시작됩니다.

예수 그리스도께서는 인간을 본래의 종된 자리로 돌려놓으시려 세상에 오셨습니다. 그분은 하나님을 섬기고, 사람들을 사랑하는 자리로 우리를 이끄십니다. 자연 만물을 선의(善意)로 다스리라는 아담의 사명의 자리로 돌아가게 하십니다(창 1:28). 이 일을 위해 예수 그리스도께서는 종의 형체를 입고 세상에 오셨습니다.

둘째로는, 그리스도께서는 인간을 섬기는 종이셨습니다. 그분은 하나님을 섬기는 생애를 완성하기 위해 인간을 섬기셨습니다. 그분은 단지 명칭만 종으로 오신 것이 아닙니다. 멸시받고 천한 일 하시기를 자처하셨습니다. 그리고 그 마지막은 자신을 대속물로 주시는 것이었습니다.

"인자가 온 것은 섬김을 받으려 함이 아니라 도리어 섬기려 하고 자기 목숨을 많은 사람의 대속물로 주려 함이니라"(마 20:28).

예수 그리스도께서는 고통 가운데 있는 사람들을 찾아 그들의 아픈 곳을 만지시고 고통 가운데 있는 영혼을 치료하셨습니다(막 1:41). 배가 고픈 사람들에게 먹을 것을 주시고(마 14:19-20), 그들의 영혼의 굶주림을 면케 하기 위해 하나님 나라의 도(道)를 가르치셨습니다(눅 9:11). 주무실 시간을 쪼개어 사람들을 섬기시고(막 1:32-33), 피곤을 무릅쓰고 이 동네 저 동네를 다니며 하나님 말씀을 전파하셨습니다(막 1:39).

여러분은 제자들의 발을 씻기기 위해 허리를 숙이신 예수 그리스도를 기억하십니까? 그런 일은 종 중에서도 가장 천한 종이 하는 것이었습니다. 그런데도 그리스도께서는 그 일을 자처하셨습니다. 그렇게 남을 섬기는 사람이 되라고 말씀하셨습니다.

"내가 주와 또는 선생이 되어 너희 발을 씻었으니 너희도 서로 발을 씻어 주는 것이 옳으니라 내가 너희에게 행한 것같이 너희도 행하게 하려 하여 본을 보였노라"(요 13:14-15).

그리스도께서는 우리를 섬기며 사셨습니다. 이제 우리가 그분처럼 살아야 합니다. 예수 그리스도께서 세상에 계셨더라면 사셨을 그 삶을 살아가야 합니다(갈 2:20). 우리는 보이지 않는 하나님을 섬기는 것이 보이는 사람들을 섬기는 것으로 나타남을 기억해야 합니다(막 12:29-31). 사람들을 위해 기도할 뿐만 아니라 실제적으로 그들의 필요를 채워 주어야 합니다. 배고픈 사람들에게 먹을 것을 주고, 외로운 자들의 친구가 되어 주어야 합니다. 자신은 낮추고 다른 사람은 높여야 합니다. 그들을 섬기는 데 하나님께서 주신 좋은 것들을 사용하여야 하는 것이니, 그리스도께서 이 일에 먼저 본을 보이셨습니다.

복종하신 예수님

셋째로, 예수 그리스도께서는 복종(服從)하는 생애를 사셨습니다. 복종이라는 말 속에는 다분히 노예적인 의미가 있습니다. 말을 듣지 않는 노예를 때려서라도 그 일에 종사하도록 만드는 것이 복종입니다(고전 9:27). 그러니 이 말을 통해서 우리는, 그리스도께서 얼마나 치열하게 하나님을 위해 사셨는지를 알 수 있습니다(빌 2:8).

탁월한 순종의 삶은 예수 그리스도께도 저절로 되시는 것이 아니었습니다. 지상 생애에서 그리스도께서는 순종하기 위해 노력하셨고(히 5:8-9), 간절히 기도하셨습니다(마 26:39). 이는 그분이 하나님을 향해 불순종하실 수 있는 죄성이 있거나 무능력하셨기 때문이 아닙니다. 신성을 인성 아래 감추셨기에 애쓰셔야 했던 것입니다. 이러한 태도는 십자가를 피하게 해 달라는 그분의 겟세마네의 기도 후반부에서 절정을 이룹니다.

"조금 나아가사 얼굴을 땅에 대시고 엎드려 기도하여 이르시되 내 아버지여 만일 할 만하시거든 이 잔을 내게서 지나가게 하옵소서 그러나 나의 원대로 마시옵고 아버지의 원대로 하옵소서 하시고"(마 26:39).

예수 그리스도께도 힘든 일이 있었습니다. 그러나 그분은 자신을 쳐서 하나님의 뜻에 복종하셨습니다. 우리를 향한 하나님의 구원 계획, 하나님께서 그리스도를 보내신 그 하나의 목적에 자신을 철저히 복종시키셨습니다. 이 세상에서 아버지 하나님의 뜻이 이루어지는 것이 그분께는 그 무엇보다 기쁨이었기 때문입니다(요 4:34).

신자의 삶은 겸비(謙卑)와 복종(服從)입니다. 신자는 순간순간 낮아지기를 거부하는 자신과 싸워 더 낮아지는 법을 배워야 합니다. 하나님의 뜻을 위해 낮아져야 합니다.

여러분은 하나님의 뜻에 복종하고 있습니까? 죄 없으신 그리스도께서도 하나님의 말씀에 복종하기 위하여 힘쓰셨습니다. 그렇다면 죄 많은 우리는 얼마나 더 많이 자신과 싸워야 하겠습니까? 우리는 날마다 옛 자아를 미워하고 하나님의 말씀을 떠나려는 생각과 의지를 붙잡아야 합니다.

"형제들아 내가 그리스도 예수 우리 주 안에서 가진 바 너희에 대한 나의 자랑을 두고 단언하노니 나는 날마다 죽노라"(고전 15:31).

이것이 고통스럽게 느껴질 때마다 그리스도께서 어떻게 낮아지셨는지를 생각하십시오. 그분의 생애 마지막이 십자가의 죽음이었다는 사실에서 우리는 낮아짐을 배우게 됩니다.

죽으신 예수님

넷째로, 예수 그리스도의 생애(生涯)는 '죽기까지'의 생애였습니다. 우리도 주님을 섬기다 한계를 느낄 때가 있습니다. 때로는 커다란 어려움을 만나게 됩니다. 그때 그리스도를 생각하십시오. 그분은 죽기까지 복종하셨습니다. 말로만 그렇게 하신 것이 아니라 실제로 그러한 삶을 사셨습니다. 주님께서는 기도하실 때도, 섬기실 때도, 사랑하실 때도 그렇게 하셨습니다(요 13:1).

우리가 귀한 직분을 받았으면서도 충성하지 못하는 이유가 무엇입니까? 일사각오(一死覺悟)의 신앙이 없기 때문입니다.

각 사람에게는 하나님께서 맡기신 사명이 있으니, 은혜를 따라 맡겨 주신 직분입니다. 각 사람이 자신에게 맡겨 주신 것들을 붙들고 죽기까지 사명을 감당한다면 교회는 얼마나 영광스러워지겠습니까? 세상은 얼마나 아름답게 변하겠습니까?

우리는 죽기까지 복종하신 예수 그리스도를 본받아야 합니다. 주님께서 어떻게 죽으셨는지 알기에 주님의 뜻 이루며 살려는 마음을 품어야 합니다. 그때 죽을 각오로 주님을 섬기게 됩니다.

예수 그리스도께서는 죽기까지 복종하셨을 뿐 아니라 실제로 죽으셨습니다. 만약 그리스도께서 결정적인 순간에 죽기를 거절하셨다면 하나님의 뜻과 계획은 성취되지 않았을 것입니다. 그러나 그분은 마지막 순간까지 일관된 태도로 순종하셨습니다. 모든 사람들을 사랑으로 섬겼건만 죄인들 중 하나로 취급되어 온갖 조롱과 멸시, 수치 속에서 죽어 가셨습니다(마 27:44).

그리스도께서 십자가에서 이루신 구원이 얼마나 큰지 생각해 보십시오. 그분이 죽으심으로써 이루신 구원을 평범하게 여기는 것이 신자의 타락입니다. 그리스도께서 우리를 위해 당하신 고난과 죽음은 언제나 우리에게 감격할 이유가 되어야 합니다. 그래서 평생을 예수 그리스도를 위해 살아온 바울은 벅찬 감격으로 이렇게 외칩니다.

"미쁘다 모든 사람이 받을 만한 이 말이여 그리스도 예수께서 죄인을 구원하시려고 세상에 임하셨다 하였도다 죄인 중에 내가 괴수니라"

(딤전 1:15).

맺는말: 십자가를 바라보라

우리가 바라보는 것이 마음의 성향(性向)을 형성합니다. 만약 세상에 있는 것들을 바라보고 거기에 소망을 둔다면 세상을 닮아 갈 것입니다.

그러나 십자가를 주목하고 그것을 바라본다면 우리는 하나님을 사랑하게 될 것입니다.

세월이 아무리 많이 흘러도 변하지 않는 것이 있습니다. 하나님께서는 언제나 십자가를 통해서 당신의 사랑을 보여주신다는 사실입니다. 우리가 십자가를 아는 것만큼 하나님을 알게 되고, 하나님을 아는 것만큼 그분을 사랑하게 된다는 것입니다.

한 사람의 그리스도인으로서 우리에게 마지막 소원이 있다면 그것은 십자가 구원의 감격 속에서 사는 것입니다. 세월이 많이 흐를수록, 인생의 날수가 더해질수록, 나이가 많아 늙어도, 어린아이처럼 피 묻은 십자가의 은혜에 감격하는 사람이 되는 것입니다. 주님을 떠나서는 살 수 없는 사람이 되는 것입니다. 그러므로 모든 허위와 거짓을 벗어 버리고 그리스도의 십자가 앞에 서십시오. 세상을 사랑하기 좋아하는 우리를 향하여 십자가가 무엇을 말하는지 귀를 기울여 들어 보십시오.

"그러나 내게는 우리 주 예수 그리스도의 십자가 외에 결코 자랑할 것이 없으니 그리스도로 말미암아 세상이 나를 대하여 십자가에 못 박히고 내가 또한 세상을 대하여 그러하니라"(갈 6:14).

눈을 들어 하늘을 바라보십시오. 예수 그리스도의 십자가를 바라보고, 그분이 걸으셨던 길을 함께 걷는 성도들이 되길 바랍니다.

김남준 목사의
절기설교

그리스도께서는 왜 낮아지셨는가?

한눈에 보는 제2장 고난주간 설교

그리스도와 십자가

"너희 안에 이 마음을 품으라 곧 그리스도 예수의 마음이니 그는 근본 하나님의 본체시나 하나님과 동등됨을 취할 것으로 여기지 아니하시고 오히려 자기를 비워 종의 형체를 가지사 사람들과 같이 되셨고 사람의 모양으로 나타나사 자기를 낮추시고 죽기까지 복종하셨으니 곧 십자가에 죽으심이라"(빌 2:5-8).

- 기독교의 핵심은 십자가다. 십자가가 있기에 부활도 있다.
- 십자가는 단지 2천 년 전에 있었던 역사적 사건이 아니다.
- 지금도 예수님 안에서 죽는 것을 경험하면 예수님과 함께 살아나는 부활의 기쁨을 누릴 수 있다.

I. 사람으로 오신 하나님

- 예수 그리스도에 대하여 바울은 이렇게 말한다.
  "그는 근본 하나님의 본체시나 하나님과 동등됨을 취할 것으로 여기지 아니하시고"(빌 2:6).
- 사도 바울은 그리스도를 '하나님의 본체'시라고 말한다. 곧 예수님이 하나님이시라는 말이다.
- 인간은 하나님을 향해 반기를 들었다.
- 그럼에도 불구하고 하나님이신 예수님께서는 사람들을 구원하러 이 세상에 오셨다.
- 우리가 십자가를 볼 때 한없이 감동받는 이유가 여기에 있다.

II. 낮아지신 예수님

- 예수 그리스도의 낮아지심에는 다음 네 가지 특징이 있다.
  "오히려 자기를 비워 종의 형체를 가지사 사람들과 같이 되셨고 사람의 모양으로 나타나사 자기를 낮추시고 죽기까지 복종하셨으니 곧 십자가에 죽으심이라"(빌 2:7-8).

1. 자기를 비우신 예수님

- 첫째로, 예수 그리스도께서는 자기를 비우셨다.
- 이는 그리스도께서 하나님으로서 나타낼 수 있는 영광을 스스로 거절하셨음을 뜻한다.
- 그분은 죄가 없으셨지만 참사람이 되어 사람들이 겪는 괴로움과 고통을 모두 겪으셨다.

- 이로써 우리를 이해하는 영원한 대제사장이 되셨다.
  "우리에게 있는 대제사장은 우리의 연약함을 동정하지 못하실 이가 아니요 모든 일에 우리와 똑같이 시험을 받으신 이로되 죄는 없으시니라"(히 4:15).

2. 종으로 오신 예수님
- 둘째로, 예수 그리스도께서는 종의 형체로 오셨다.
- 첫째로는, 그분은 하나님을 섬기는 종으로 오셨다.
- 이는 인간이 누구인지를 말한다. 인간은 하나님을 섬겨야 하는 존재다.
- 자신이 한낱 피조물인지 알아 하나님의 뜻을 이 땅에서 이루며 사는 것이 인간의 본분이다.
- 둘째로는, 그분은 사람을 섬기는 종으로 오셨다.
- 그분은 하나님을 향한 섬김을 완성하기 위해 사람을 섬기셨다.
- 우리도 그리스도의 본을 따라야 한다. 보이는 사람들을 사랑으로 섬겨야 한다.

3. 복종하신 예수님
- 셋째로, 예수 그리스도께서는 복종하는 삶을 사셨다.
- 그분도 하나님의 뜻을 이루기 위해 치열하게 노력하셨다.
- 신자의 삶은 겸비와 복종이다.
- 신자는 낮아지기를 거부하는 자신과 싸워 하나님의 뜻을 위해 낮아져야 한다.

4. 죽으신 예수님
- 넷째로, 예수 그리스도의 생애는 죽기까지의 생애였다.
- 그분은 죽기까지 복종하셨고, 실제로 죽으셨다.
- 만약 그리스도께서 죽기를 거부하셨다면 하나님의 뜻은 이루어지지 않았을 것이다.
- 그분은 죄인 중 하나로 취급되어 죽으심으로써 우리의 구원을 이루셨다.

III. 맺는말: 십자가를 바라보라
- 하나님께서는 언제나 십자가를 통해서 당신을 보여주신다.
- 그래서 십자가를 아는 것만큼 하나님을 알고, 하나님을 아는 것만큼 사랑하게 된다.
- 그러므로 십자가를 바라보라.
- 그 십자가 아래서 주님께서 걸으셨던 길을, 주님과 함께 걷는 성도들이 되길 바란다.

제3장
부활주일 설교

부활의 생명을 누리고 있는가?
예수 부활과 우리 생명

그의 아들에 관하여 말하면 육신으로는 다윗의 혈통에서 나셨고 성결의 영으로는 죽은 자 가운데서 부활하사 능력으로 하나님의 아들로 선포되셨으니 곧 우리 주 예수 그리스도시니라
롬 1:3-4

예수 그리스도께서는 금요일에 십자가에 못 박혀 죽으셨습니다. 이튿날은 안식일이었습니다. 유대인들에게는 안식일에 대한 규정이 있어서 그날에는 이동이 제한되어 있었습니다.

안식 후 첫날, 아직 날이 밝지 않았는데 그리스도의 무덤으로 향하는 사람들이 있었습니다. 그리스도 생전에 그분을 따랐던 여자들이었습니다. 그들은 그분의 시신에 향품(香品)을 넣기 위해서 길을 나섰습니다(마 28:1).

당시 유대인들의 무덤은 바닥이 평평한 굴의 형태였는데, 돌로 그 굴의 앞부분을 막았습니다. 그래서 그 여자들은 누가 자기들을 위해 돌을 옮겨 줄까를 걱정하였습니다(막 16:3). 그런데 여자들이 도착하였을 때, 돌은 이미 굴려져 있었고 무덤은 텅 비어 있었습니다(막 16:4).

마리아는 누군가가 예수님의 시체를 훔쳐 간 것으로 생각했습니다. 그래서 통곡할 수밖에 없었습니다. 바로 그때 부활하신 예수 그리스도께서 그녀에게 나타나셨습니다.

"예수께서 이르시되 여자여 어찌하여 울며 누구를 찾느냐 하시니 마리아는 그가 동산지기인 줄 알고 이르되 주여 당신이 옮겼거든 어디 두었는지 내게 이르소서 그리하면 내가 가져가리이다 예수께서 마리아야 하시거늘 마리아가 돌이켜 히브리 말로 랍오니 하니 (이는 선생님이라는 말이라)……너는 내 형제들에게 가서 이르되 내가 내 아버지 곧 너희 아버지, 내 하나님 곧 너희 하나님께로 올라간다 하라 하시니 막달라 마리아가 가서 제자들에게 내가 주를 보았다 하고 또 주께서 자기에게 이렇게 말씀하셨다 이르니라"(요 20:15-18).

막달라 마리아는 예수 그리스도 부활의 첫 증인(證人)이 되었습니다. 약 3년간 그리스도를 따라다녔던 모든 제자들을 제치고 죄인이라 불리던 여자가 부활하신 예수 그리스도를 첫 번째로 만나는 영광을 누리게 되었습니다(눅 7:37-38). 이는 그리스도를 향한 그녀의 사랑이 컸기 때문입니다.

부활의 의미

그리스도의 부활(復活)은 역사적인 사건입니다. 그리스도께서는 실제로 십자가에 못 박혀 죽으셨고, 다시 살아나셨습니다. 이것을 목격한 증인들에 의해 십자가의 죽음과 부활은 널리 전파되었습니다. 그리고 이 사실의 전파는 교회를 든든히 붙드는 토대가 되었습니다.

바울은 기독교 교리의 정수를 담고 있는 로마서를 예수 그리스도에 관한 이야기로 시작합니다. 메시아로 오신 그분이 어떤 분이신지를 말하는데, 그의 설명은 이렇습니다.

"그의 아들에 관하여 말하면 육신으로는 다윗의 혈통에서 나셨고 성결의 영으로는 죽은 자들 가운데서 부활하사 능력으로 하나님의 아들로 선포되셨으니 곧 우리 주 예수 그리스도시니라"(롬 1:3-4).

이 구절은 하나님께서 예수 그리스도의 부활을 통해 드러내신 네 가지 사실을 알려 줍니다. 그것은 다음과 같습니다.

하나님의 아들이심을 선포함

첫째로, 그리스도께서는 부활을 통해 당신이 하나님의 아들이심을 친히 선포(宣布)하셨습니다. 바울은 그리스도께서 부활하사 하나님의 아들로 선포되셨다고 말합니다(롬 1:4).

어떤 사람들은 이 구절을 토대로 그리스도께서 부활하시기 전까지는 하나님의 아들이 아니었다고 말합니다. 부활하신 후에야 비로소 하나님의 아들이 되셨다는 것입니다.

그러나 이것은 잘못된 해석입니다. 예수 그리스도께서는 마리아의 몸에 잉태되었을 때도, 어린아이였을 때도, 공생애 기간에도, 십자가에 달리셨을 때도 하나님의 아들이셨습니다. 그렇지만 그것은 감추어져 있었습니다.

오직 소수의 사람들만이 탁월한 믿음 안에서 예수 그리스도께서 하나님의 아들이시라는 사실을 알았습니다(마 16:16). 그런데 한 가지 사건으로 모든 사람에게 그분이 하나님의 아들이심이 공개적으로 선포되었습니다. 바로 '부활 사건'입니다.

바울은 회심 전, 유대 종교 지도자를 꿈꾸던 젊은이였습니다. 그는 베냐민 지파의 사람이었으며, 히브리인 중의 히브리인이요, 율법으로는 바리새인이었습니다. 종교적인 열심으로는 교회를 박해하고, 율법의 의로는 흠이 없는 사람이었습니다(빌 3:5-6).

그런 바울이 나사렛의 이단이라고 여겨 자신이 박해하던 그 가르침을 믿을 뿐 아니라 그것을 목숨 걸고 전하는 사람이 되었습니다. 어떻게 이런 일이 일어났습니까? 이는 그가 예수 그리스도의 부활의 의미를 깨달았기 때문입니다.

바울은 예수라는 사람이 십자가에서 죽었다는 사실을 알고 있었습니다. 그리고 그것은 예수가 하나님의 저주(咀呪)를 받았기 때문이라고 확신했습니다. 성경이 이르길, 나무에 달려 죽은 자는 하나님께 저주를 받은 자라고 했기 때문입니다. 그러나 그것은 당시 유대 종교 지도자들의 간교한 모략이었습니다.

"그 시체를 나무 위에 밤새도록 두지 말고 그날에 장사하여 네 하나님 여호와께서 네게 기업으로 주시는 땅을 더럽히지 말라 나무에 달린 자는 하나님께 저주를 받았음이니라"(신 21:23).

그런데 그 예수가 다시 살아났을 뿐 아니라 메시아라고 전하는 사람들이 나타났습니다. 바울은 이런 소문을 퍼트리는 자들을 잡아들였고, 다메섹에 있는 사람들까지도 잡기 위해 가고 있었습니다(행 9:1-2). 이것이 그리스도를 만나기 전 바울이 생각한 하나님을 향한 열심이었습니다.

다메섹에 가까이 이르렀을 때, 사도 바울은 자신의 운명을 결정짓는 한 사건을 경험하게 됩니다. 바로 부활하신 예수 그리스도를 만난 것입니다(행 9:3-6).

"가는 중 다메섹에 가까이 갔을 때에 오정쯤 되어 홀연히 하늘로부터 큰 빛이 나를 둘러 비치매 내가 땅에 엎드러져 들으니 소리 있어 이르되 사울아 사울아 네가 왜 나를 박해하느냐 하시거늘 내가 대답하되 주님 누구시니이까 하니 이르시되 나는 네가 박해하는 나사렛 예수라 하시더라"(행 22:6-8).

정오의 해보다 더 밝은 빛이 바울 일행을 둘러 비추었고(행 26:13), 바울은 부활하신 예수 그리스도를 만났습니다. 그리고 십자가에 못 박혀 죽으신 예수님이 하나님의 아들이시라는 사실을 확신하게 되었습니다. 그때 그분의 죽음의 의미도 깨닫게 되었습니다. 바울의 어둡던 지성(知性)에 복음의 빛이 들어와 십자가 죽음의 의미를 깨닫게 되었기 때문입니다. 바울은 그리스도께서 죽으신 것이 그 자신의 죄 때문이 아니라 우리 죄인들을 위해서였다는 사실을 알게 되었습니다.

십자가의 죽음과 부활은 동전의 양면과 같습니다. 하나가 분명히 깨달아져야 다른 하나도 알 수 있습니다. 만약 하나는 깨달았지만 다른 하나는 알지 못한다면 이미 깨달은 그것도 온전한 것이 아닙니다.

예수 그리스도께서는 나무에 달려 죽으셨습니다. 나무에 달려 죽은 자는 하나님의 저주를 받은 사람입니다. 그런데 하나님의 저주를 받은 사람이 다시 살아났습니다. 이는 예수 그리스도의 죽음이 다른 사람들의 그것과는 달랐기 때문입니다.

예수 그리스도께서 하나님의 저주를 받은 것은 사실이지만 그것은 자신의 죄 때문이 아니었습니다. 구원받을 모든 사람의 죄 때문이었습니다. 그렇다면 하나님께서는 예수 그리스도를 살리실 충분한 이유가 있었습니다. 그리스도께서 하나님의 뜻을 따라 대속적인 죽음을 이루셨기 때문입니다.

죽은 자들 가운데서의 부활

둘째로, 그리스도의 부활은 죽은 자들 가운데서의 부활이었습니다. 바울은 그리스도께서 죽은 자들 가운데서 부활하셨다고 말합니다(롬 1:4). 이는 예수 그리스도께서 죽음의 권세(權勢)를 이기셨음을 의미합니다.

아담과 하와가 범죄한 이후 모든 사람은 죽음을 피할 수 없게 되었습니다. 죽음이 모든 인류를 삼켰습니다. 그런데 그리스도께서 죽은 자들 가운데서 살아남으로써 죽음의 권세를 이기셨습니다.

이것을 교회론적(教會論的)으로 해석하면 다음과 같습니다. 예수 그리스도께서는 이 세상과 하늘에 존재하는 만물을 있게 한 근본이십니다(골 1:16). 그리고 그분은 우주적인 교회의 머리이십니다(골 1:18). 신자들은 교회의 머리이신 그리스도께 영적으로 접붙여 있습니다(고전 12:27). 교회의 머리이신 그리스도께서 죽음을 이기고 살아나셨습니다. 그리고 세상의 심판주로 다시 오실 것입니다. 이 사실은 주님의 호령 소리와 천사장의 나팔 소리가 울려 퍼지는 그날, 우리도 다시 살아날 것을 증거합니다(살전 4:16). 우리에게도 부활의 영광이 약속되어 있습니다. 그래서 골로새서는 예수 그리스도의 십자가의 죽음과 부활이 사탄의 세력을 무력화한 사건이었다고 말합니다.

"통치자들과 권세들을 무력화하여 드러내어 구경거리로 삼으시고 십자가로 그들을 이기셨느니라"(골 2:15).

그렇지만 아직 우리는 육체의 죽음을 완전히 극복하지 못했습니다. 예수님을 믿는 사람도 죽습니다. 성령 충만한 사람도 죽습니다. 육체의 죽음은 불순종한 사람에게도 임하지만 은혜를 받은 사람에게도 나타납니다. 한 번 죽는 것은 사람에게 정해진 것이기 때문입니다(히 9:27).

그러나 예수 그리스도께서 죽음을 이기고 살아나셨습니다. 그럼으로써 사탄의 손에 들려 있던 죽음이라는 가장 강력한 카드가 무력화되었습니다. 그리스도께서는 당신을 믿는 모든 자녀에게 부활을 약속하셨기 때문입니다.

"예수께서 이르시되 나는 부활이요 생명이니 나를 믿는 자는 죽어도 살겠고 무릇 살아서 나를 믿는 자는 영원히 죽지 아니하리니……"(요 11:25-26).

그래서 우리는 죽음을 두려워하지 않습니다. 오히려 영원불멸(永遠不滅)할 새 육체로 다시 태어날 영광스러운 그날을 사모합니다. 이처럼 그리스도의 부활은 우리에게 내세의 소망을 갖게 하였습니다.

성령을 통한 부활

셋째로, 그리스도의 부활은 성령(聖靈)을 통한 것이었습니다. "육신으로는 다윗의 혈통에서 나셨고 성결의 영으로는 죽은 자들 가운데서 부활하사"라는 구절은 얼핏 보면 예수 그리스도의 육신과 영혼에 대해 말하는 것 같습니다(롬 1:3-4). 육신으로는 다윗의 혈통에서 나셨고, 영으로는 죽은 자들 가운데에서 부활하셨다는 것입니다. 그러면 육신은 태어난 것이고, 영은 부활했다는 의미가 됩니다.

그러나 이것은 올바른 해석이 아닙니다. 예수 그리스도의 영은 죽은 적이 없으셨기 때문입니다. 그러니 그분의 영이 부활하셨다는 해석은 어떤 식으로든 잘못된 것입니다.

본문에서 '성결의 영으로는'은 '거룩한 영을 통해서', '거룩한 영으로 말미암아'의 의미입니다. '거룩한 영'은 성령이십니다. 그러므로 이 구절은 이렇게 번역되어야 합니다. "그리스도께서는 육신으로는 다윗의 혈통에서 나셨으며 성령을 통해 죽은 자들 가운데서 부활하셨다."

예수 그리스도께서는 성령을 통해 부활하셨습니다. 이는 부활 사건에서 성령의 주도권을 보여줍니다.

그리스도께서는 마리아의 몸에 성령으로 잉태되셨습니다(마 1:18). 예수 그리스도의 처음 육체가 세상에 올 때도 성령의 능력(能力)으로 되었다면, 그 육체가 다시 새롭게 되는 데에도 성령이 주도적으로 참여하시지 않겠습니까?

그리스도께서는 교회의 머리이시고, 우리는 그분의 몸에 접붙여진 지체들입니다. 교회의 머리이신 그리스도께서 십자가에서 죽으시고 사흘만에 성령의 능력으로 살아나셨습니다. 그렇다면 머리와 운명을 같이하는 교회도 언젠가는 성령을 통해 부활하리라 믿어야 합니다.

오늘 우리는 이 부활을 완전히 경험하지는 못합니다. 지금 이 세상에서는 은혜를 많이 받아도 예수 그리스도처럼 몸의 부활을 경험하지는 못합니다. 이 일은 마지막 때로 유보되어 있습니다. 하지만 그렇다고 해서 부활의 생명(生命)이 어떤 것인지 전혀 알지 못하는 것은 아닙니다.

성령은 미래의 그날 우리 부활의 보증(保證)이 되실 뿐 아니라 지금 이 순간에도 우리로 하여금 부활의 생명을 누리게 하십니다. 하늘로부터 부어지는 영적 생명이 바로 그것입니다.

괴로운 일이 생겨 교회를 찾은 적이 있습니까? 불 꺼진 예배당에서 무릎을 꿇고 나를 불쌍히 여겨 달라고 간절히 기도합니다. 그때 하나님께서는 우리 마음에 놀라운 깨달음과 위로를 주십니다. 죽은 것과 같던 우리 영혼을 은혜로 소생시키십니다. 이 세상에서 살아갈 힘을 하늘로부터 부어 주십니다. 이것이 우리가 누리는 부활의 생명입니다.

이 일은 성령을 통해 일어납니다. 우리는 성령의 은혜로 우리 영혼이 다시 살아나는 것을 볼 때마다 미래의 그날, 우리가 완전히 부활할 것이라는 사실을 더욱 믿게 됩니다. 우리의 육체가 부활하여 하나님을 뵈옵게 될 지복(至福)을 더욱 소망하게 합니다.

능력으로 이루어진 부활

넷째로, 그리스도의 부활은 하나님의 능력(能力)으로 이루어졌습니다. 그리스도께서는 능력으로 하나님의 아들로 선포되셨습니다(롬 1:4). 이 '능력'은 죽음을 무효화시킨 놀라운 '생명의 능력'입니다.

바울은 회심하기 전 율법의 의로는 흠이 없고 열심으로는 교회를 박해하던 사람이었습니다(빌 3:6). 이러한 열심이 자신을 구원할 수 있다고 여겼습니다.

그런데 바울이 그 모든 것을 배설물로 여기게 됩니다. 이는 예수 그리스도를 아는 지식이 가장 고상함을 알았기 때문입니다(빌 3:8).

예수 그리스도가 누구인지 알게 되자 바울의 인생관(人生觀)에는 혁명적인 변화가 일어났습니다. 그러자 그의 삶의 목표도 변하였습니다.

"내가 그리스도와 그 부활의 권능과 그 고난에 참여함을 알고자 하여 그의 죽으심을 본받아 어떻게 해서든지 죽은 자 가운데서 부활에 이르려 하노니"(빌 3:10-11).

그리스도께서 하나님의 아들이신 것, 그분이 우리의 구주이신 것 등을 아는 것이 그리스도에 대한 앎입니다. 부활의 권능(權能)에 대한 앎은 죽음의 권세를 이기고 예수님을 다시 살리신 하나님의 위대한 능력에 대해 아는 것을 말합니다. 바울은 그것을 아는 데 자신의 온 삶을 걸었습니다.

우리도 이 생명의 능력을 사모하여야 합니다. 도처에 있는 죽음의 기운을 보십시오. 영혼의 죽음은 죽은 행실을 쏟아 내게 하고(히 9:14), 인간을 불행한 삶으로 이끕니다. 그렇지만 예수 그리스도를 살리신 하나님의 무한한 능력이 죽은 자와 같은 나의 영혼을 다시 살릴 것입니다. 지옥을 지나는 것 같은 고통스러운 상황에서도 나를 건질 것이라는 소망을 잃어버리지 않게 할 것입니다. 이때 부활의 권능은 오늘 나에게서 생생하게 경험됩니다.

신자가 부활의 권능을 아는 첩경은 그리스도의 고난에 동참하는 것입니다. 그리스도의 남은 고난에 참여하여 그리스도와 교회를 섬기는 헌신은 부활의 능력을 알게 합니다(골 1:24).

누구든지 무위도식하며 살아간다면 그리스도의 고난에 참여하는 것이 무엇인지 알 수 없습니다. 그리스도와 함께 죽는 경험 없이는 그분과 함께 사는 부활의 능력도 알 수 없습니다. 그리스도의 고난의 신비를 알지 못하면 죽은 자 가운데 다시 살아나신 부활의 위대한 능력도 알지 못합니다. 어떠한 신앙적인 진보도 이룰 수 없습니다.

우리의 주가 되신 예수님

하나님께서는 죽기까지 낮아지신 예수 그리스도를 높이셨습니다. 성경은 그리스도께서 부활 후 '주(主)가 되셨다.'라고 말합니다.

"성결의 영으로는 죽은 자들 가운데서 부활하사 능력으로 하나님의 아들로 선포되셨으니 곧 우리 주 예수 그리스도시니라"(롬 1:4).

신약성경에서 '주'(主)를 뜻하는 헬라어 퀴리오스는 구약성경에서 하나님을 부를 때 썼던 히브리어 아도나이에 해당하는 단어입니다. 부활 후 예수 그리스도께서는 온 우주를 다스리시는 주님으로 불리게 되셨습니다. 하나님께서는 그리스도를 지극히 높여 만물 위에 뛰어난 이름을 주셨습니다.

"이러므로 하나님이 그를 지극히 높여 모든 이름 위에 뛰어난 이름을 주사 하늘에 있는 자들과 땅에 있는 자들과 땅 아래에 있는 자들로 모든 무릎을 예수의 이름에 꿇게 하시고 모든 입으로 예수 그리스도를 주라 시인하여 하나님 아버지께 영광을 돌리게 하셨느니라"(빌 2:9-11).

구약성경에서 히브리어 아도나이는 '주'(主)로서 온 우주를 통치(統治)하시는 하나님에 대한 호칭이었습니다. 그런데 부활하신 예수 그리스도께서 아도나이, 곧 퀴리오스로 불리게 되신 것입니다.

이는 예수 그리스도께서 십자가에서 죽은 이후 부활하셔서 높아지신 것이 얼마나 우주적인 사건인지를 보여줍니다. 야훼 하나님을 향한 공경과 경배가 그리스도를 통하여 하나님께 향하도록 만든 사건임을 보여줍니다.

물론 예수 그리스도께서는 부활하기 전에도 주님이셨습니다. 그렇지만 그것은 공식적으로 선포된 것이 아니었습니다. 부활하심으로써 비로소 그분이 하나님께로부터 온 인류와 세계, 우주를 위임받아 통치하시는 주님이 되셨음이 우주적으로 선포되었습니다.

예수 그리스도께서 주님이 되셨다는 것은 그리스도인이 된다는 것이 무엇을 의미하는지 보여줍니다. 그리스도인이 되었는지의 여부는 어떤 신비한 은사를 받았느냐, 어떤 놀라운 경험을 하였느냐가 아닙니다. 부활하신 주님을 나의 주인(主人)으로 모시며 사느냐는 것입니다. 자신의 삶의 가치와 목표를 모두 그리스도께 두었느냐는 것입니다.

그리스도를 믿기 전에는 나를 주인 삼으며 살았습니다. 거기에서 모든 불행과 비참이 생겼습니다. 그러나 이제 예수 그리스도를 주님으로 모시고 살아갑니다. 그분을 섬기고 이 세상에서 하나님의 나라가 이루어지기를 바라며 살아갑니다. 자신의 뜻을 이루기보다 하나님의 뜻이 이루어지기를 바랍니다.

물론 우리는 완벽하지 않습니다. 그 길에서 벗어날 때도 있습니다. 그렇지만 끊임없이 노력합니다. 그리스도의 주 되심에 복종하기 위해 항상 자기를 죽입니다(고전 15:31). 그렇게 옛사람이 죽는 것만큼 우리의 영혼은 살아나는 것을 경험하게 되는 이것이 곧 '예수의 생명'입니다(고후 4:11).

> "자기의 육체를 위하여 심는 자는 육체로부터 썩어질 것을 거두고 성령을 위하여 심는 자는 성령으로부터 영생을 거두리라"(갈 6:8).

맺는말: 생명을 누리며 살자

우리는 살아가면서 나쁜 일도, 좋은 일도 만납니다. 때로는 원하지 않는 일을 겪기도 합니다. 질병에 걸리기도 하고, 사랑하는 사람에게 배신 당하기도 하고, 이별을 경험하기도 합니다. 그때 자신이 혼자라는 사실을 절감합니다. 이런 일은 누구에게나 일어납니다.

문제는 무엇입니까? 이런 일은 피할 수 없는데 이것을 이기며 살게 하는 힘이 없다는 것입니다. 예수 그리스도를 믿지 않을 때는 나에게서 그 힘을 찾을 수 있다고 생각했습니다. 그러나 이제 그 힘이 내 안에 없다는 것을 압니다. 오직 십자가의 복음으로 말미암아 성령을 통해서 하늘로부터 온다는 사실을 압니다. 그 힘은 바로 우리의 속사람을 살게 하는 부활의 능력입니다.

예수 그리스도께서 십자가에서 죽고 부활하신 것은 먼 훗날 마지막 날에 있을 육체의 부활만을 위해서가 아닙니다. 오늘 그리스도께 접붙여진 신자들이 하나님께로부터 오는 충만한 생명을 누리면서 살게 하기 위함입니다. 오늘 옛사람은 죽고 새사람은 살게 하시기 위함입니다.

그러므로 매일의 삶에서 부활을 현재적으로 경험하길 힘쓰십시오. 부활의 영광을 맛보며 살아감으로써 견딜 수 없는 환경을 견디고, 사랑할 수 없는 사람을 사랑할 수 있게 됩니다. 부활의 능력을 풍성하게 맛보는 부활 주일이 되길 바랍니다.

김남준 목사의
절기
설교

부활의 생명을 누리고 있는가?

한눈에 보는 제3장 부활주일 설교

예수 부활과 우리 생명

"그의 아들에 관하여 말하면 육신으로는 다윗의 혈통에서 나셨고 성결의 영으로는 죽은 자들 가운데서 부활하사 능력으로 하나님의 아들로 선포되셨으니 곧 우리 주 예수 그리스도시니라"(롬 1:3-4).

- 마리아는 예수 그리스도의 모든 제자를 제치고 예수 그리스도 부활의 첫 증인이 되었다.
- 이는 그의 사랑이 그 누구보다 컸기 때문이다.

I. 부활의 의미

- 바울은 그리스도의 부활의 의미가 무엇인지를 선포한다.
  "그의 아들에 관하여 말하면 육신으로는 다윗의 혈통에서 나셨고 성결의 영으로는 죽은 자들 가운데서 부활하사 능력으로 하나님의 아들로 선포되셨으니 곧 우리 주 예수 그리스도시니라"(롬 1:3-4).

1. 하나님의 아들이심을 선포함

- 첫째로, 그리스도께서는 부활을 통해 당신이 하나님의 아들이심을 선포하셨다.
- 예수님은 부활 전에도 하나님의 아들이셨다. 그렇지만 부활과 함께 이 사실이 공식적으로 선포되었다.
- 바울은 부활하신 그리스도를 만나고서야 그분이 하나님의 아들이시라는 사실을 깨닫게 되었다.
- 그리고 그리스도의 십자가의 죽음의 의미도 알게 되었다.
- 십자가의 죽음과 부활은 동전의 양면과 같다. 하나가 분명히 깨달아져야 다른 하나도 알 수 있다.

2. 죽은 자들 가운데서의 부활

- 둘째로, 그리스도의 부활은 죽은 자들 가운데서의 부활이었다.
- 이는 그리스도께서 죽음의 권세를 이기셨음을 뜻한다.
- 그리스도의 부활 사건을 계기로 죽음의 세력이 무력화되었다. 그리스도께서 당신을 믿는 자들에게 부활을 약속하셨기 때문이다.

3. 성령을 통한 부활
- 셋째로, 그리스도의 부활은 성령을 통한 것이었다.
- 본문에서 '성결의 영으로는'은 '성령을 통해서', '성령으로 말미암아'의 의미다.
- 성령은 우리 부활의 보증이 되실 뿐 아니라 현재적으로 부활의 능력을 누리게 하신다.

4. 능력으로 이루어진 부활
- 넷째로, 그리스도의 부활은 하나님의 능력으로 이루어졌다.
- 이 능력은 생명의 능력이다. 우리는 이 능력을 사모해야 한다.
- 그때 부활 사건은 과거의 일이 아니라 오늘 나에게서 현재적으로 경험된다.
- 부활의 능력을 경험하는 첩경은 그리스도의 남은 고난에 동참하는 것이다.
- 누구든지 무위도식하면 그리스도의 남은 고난에 참여하는 것이 무엇인지 알 수 없고, 그리스도와 함께 죽을 수 없기에 그분과 함께 살아나는 부활의 능력도 알 수 없다.

II. 우리의 주가 되신 예수님
- 하나님께서는 낮아지신 예수 그리스도를 높이어 주가 되게 하셨다.
- 이는 그리스도인이 된다는 것이 무엇을 의미하는지 알려 준다.
- 그것은 부활하신 주님을 나의 주인으로 모시며 산다는 것이다.
- 전에는 나를 주인 삼아 살았다. 이제 삶의 가치와 목표를 그리스도께 두어야 한다.
- 그리스도를 주인 삼지 않으려는 죄된 옛 본성을 끊임없이 죽이고 그분께 복종해야 한다.
- 그만큼 우리의 영혼이 살아나는 것을 경험하게 될 것이다.

III. 맺는말: 생명을 누리며 살라
- 인생에서 원하지 않는 일을 만날 때가 있다. 힘든 일을 겪을 때가 있다.
- 이것들을 이기게 하는 힘은 오직 하늘로부터 온다.
- 이것이 우리 속사람을 살게 하는 부활의 능력이다.
- 그래서 그리스도께서 부활하신 것은 먼 훗날 우리의 몸의 부활만을 위해서가 아니다.
- 매일 부활의 능력으로 현실을 이기며 살길 바란다.

제4장
어린이주일 설교

자녀를 어떻게 길러야 하는가?
자녀를 사랑하라

또 아비들아 너희 자녀를 노엽게 하지 말고 오직 주의 교훈과 훈계로 양육하라 엡 6:4

아담과 하와는 하나님께서 직접 만드셨습니다. 그들은 성숙한 몸과 성숙한 정신을 가진 사람으로 지은 바 되었습니다.

그러나 그 이후의 사람들은 부부에게서 태어나 부모의 돌봄을 받으며 자랍니다. 하나님께서는 사람이 부모의 도움을 받아 육체와 정신이 점점 더 온전해지도록 하셨습니다. 이것을 위해 가정은 두 가지 목표를 이루어야 합니다.

첫째로, 가정은 올바른 지식(知識)을 습득하는 곳이어야 합니다. 가정은 학교입니다. 거기서 부모는 하나님과 인간, 세계와 자기 자신에 대한 바른 지식을 자녀에게 전수하여야 합니다.

둘째로, 가정은 참되게 살아가는 법(法)을 배우는 곳이어야 합니다. 부모는 하나님 그리고 다른 사람들과 어떻게 올바른 관계를 맺으며 살아야 하는지 부모의 삶 전체로 가르칠 수 있어야 합니다. 이에 대해 성경은 다음과 같이 말합니다.

"또 아비들아 너희 자녀를 노엽게 하지 말고 오직 주의 교훈과 훈계로 양육하라"(엡 6:4).

바울이 "아비들아."라고 하였지만 이 명령은 부모 모두에게 주는 것입니다. 어미보다는 아비가 자녀를 노엽게 할 가능성이 더 많기 때문에 부모의 대표로 아버지를 부른 것입니다.

노엽게 하지 말라

사도 바울은 부모에게 자녀를 노엽게 하지 말라고 말합니다. '노엽게 하다.'에 해당하는 헬라어 원어는 '분노'(忿怒)라는 단어에서 왔습니다. 부모가 자녀를 많이 사랑하는 것도 중요하지만 그보다 더 중요한 것은 자녀가 분노하지 않게 하는 것입니다. 바울은 부모가 자녀를 노엽게 하지 말아야 할 이유를 다음과 같이 말합니다.

"아비들아 너희 자녀를 노엽게 하지 말지니 낙심할까 함이라"(골 3:21).

여기서 '낙심(落心)하다.'에 해당하는 헬라어는 아쒸메오입니다. 이 단어는 '없다.', '아니다.'를 뜻하는 부정 접두어 아와, '열정', '용기'를 의미하는 쒸모스가 합쳐져 이루어졌습니다. 이것을 종합해서 생각해 보면, 아쒸메오는 '절망하다.', '낙심하다.', '열정이 사라지다.'라는 의미가 됩니다.

부모가 어떤 방식으로든 자녀를 노엽게 하면 자녀는 인간으로서 참되게 살아가는 열정이 고갈됩니다. 그러면 단순히 무기력한 상태가 되는 것이 아닙니다. 오히려 비이성적이고 비신앙적인 상태가 됩니다. 이때 그는 하나님을 대적하는 충동에 의해 행동하게 되는데, 성경은 이를 가리켜 죽은 행실을 쏟아 내는 것이라고 말합니다(히 9:14).

자녀가 이렇게 되는 것이 두렵기에, 부모는 자녀를 노엽게 하지 말아야 합니다. 그렇다면 어떤 경우에 자녀는 노엽게 될까요?

잘못된 징계

첫째로, 잘못된 징계(懲戒) 때문입니다. 부모의 가장 큰 의무는 무엇이 옳고 그른지를 자녀에게 알려 주는 것입니다. 곧 부모는 선악에 대한 분별력을 길러 주어야 합니다.

아주 어린 아이는 엄마 아빠의 얼굴을 보면서 기쁨과 분노, 슬픔 등을 배웁니다. 그러므로 부모는 행동과 표정, 어감 등을 통해서 선악에 대한 올바른 가르침을 자녀에게 줄 수 있어야 합니다.

아이가 좀 더 자라면 부모는 언어를 통해서 선악을 알려 주어야 합니다. 또한 올바른 행동을 할 때는 상을 주고, 잘못할 때는 책망하여 아이가 선한 것을 택하도록 독려해야 합니다. 이때 징계가 필요합니다. 부모에게는 자녀를 징계할 권한이 있습니다. 성경은 징계가 없으면 자녀가 망한다고 하고, 잘 징계하는 것이 아이의 영혼을 보호하는 길이라고 말합니다(잠 13:24, 29:17).

그러나 징계가 잘못되면 아이는 분노를 품습니다. 징계가 올바르지 않거나 과도할 때, 또는 일관성이 없을 때, 아이는 부모에 대한 부당함을 느낍니다. 이렇게 되면 아이는 선악에 대한 분별력은 배우지 못한 채, 마음에 상처만 받게 됩니다.

그릇된 기대

둘째로, 그릇된 기대(期待) 때문입니다. 자녀에 대한 부모의 기대가 그릇될 때 자녀는 망가집니다. 부모는 본성적으로 자녀를 사랑합니다. 그래서 자신의 자녀가 다른 아이에 비해 특별할 것이라고 생각합니다. 이러한 마음은 자녀에 대한 잘못된 기대를 품게 하고, 자녀의 능력을 넘어서는 것을 요구하게 합니다.

어떤 부모는 자신이 살고 싶었던 삶을 자식을 통해 이루려고 하기도 합니다. 그러면 자녀가 원하지 않는 것을 부모의 욕심으로 요구하게 됩니다. 이때 자녀는 분노하게 됩니다.

부모는 자기의 자녀를 바위 삼아 정(釘)과 칼로 다듬어 가는 조각가가 아닙니다. 아이는 완전한 인격체로, 하나님과의 관계 안에서 자라 가는 생명입니다.

하나님께서는 아이들을 모두 다른 사람으로 만드셨고, 각 사람은 각기 다른 재능으로 하나님을 섬기도록 부름받았습니다. 그래서 부모는 자녀가 어떤 직업을 가지고 세상에서 성공할 수 있는지 가르쳐 주는 데 열심을 내기보다는 이 아이를 어떻게 아름다운 사람으로 길러 하나님을 섬기게 할지에 대해 더 많이 고민하여야 합니다. 그가 잘못하는 일에 주목하지 말고 잘할 수 있는 일에 관심을 가져야 합니다.

언행의 불일치

셋째로, 부모의 언행(言行)이 불일치(不一致)할 때입니다. 부모가 말로 가르치는 것과 실제 삶이 일치하지 않을 때 자녀는 분노하게 됩니다.

자녀가 어렸을 때는 부모의 표정을 통해 배웁니다. 좀 더 자라면 언어를 통해서 배우고, 그 후에는 부모의 뒷모습을 보며 배웁니다.

아이가 어렸을 때는 엄마 아빠의 모든 것이 옳게만 보입니다. 그러나 아이가 자라면 부모의 말과 행동에 대해 판단하게 됩니다. 주관적으로 보던 엄마 아빠를 객관적으로 보게 되는 것입니다. 그때 부모가 말로 가르치는 것과 실제 삶이 일치하지 않는다면 자녀는 혼란을 느끼게 되고, 그것은 분노로 발전합니다.

자녀는 부모보다 약하기에 자신의 분노를 제대로 표현하지 못할 때가 많습니다. 그러면 아이는 점점 더 반항적이 되고 부모 자식 간의 아름다운 소통은 막히게 됩니다.

물론 어느 부모도 완벽하지 않습니다. 누구나 잘못을 하고 실수를 합니다. 가르치는 것과 실제 삶이 다를 때가 있습니다. 그때 부모가 그 문제를 놓고 한없이 고민하며 온전한 삶을 살려고 노력한다면, 그 모습 자체가 아이에게 큰 교훈이 될 것입니다. 아이는 부모의 이런 모습을 통해서 마땅히 살아야 할 삶과 실제 삶 사이에 하나님의 은혜가 흘러 들어가야 한다는 신앙의 원리를 배우게 될 것입니다. 그런데 이런 모습조차 부모에게서 찾을 수 없다면 아이는 말과 행동이 다른 부모를 보며 실망할 것입니다.

무관심과 방치

넷째로, 무관심(無關心)과 방치(放置) 때문입니다. 부모로서의 기본적인 도리도, 아이를 바르게 양육하는 방법도 알지 못한 채 부모가 자녀를 무관심으로 방치한다면 자녀는 마음에 상처를 입게 됩니다. 그러면 아이의 마음에는 노여움이 자라고, 그것은 오래도록 아이를 고통스럽게 합니다.

여러 해 전 '네 부모를 용서하라.'라는 설교를 한 적이 있습니다. 예배가 끝나고 잠시 쉬고 있는데 환갑은 넘어 보이는 성도분이 벌컥 문을 열고 들어왔습니다. 그리고 소파에 앉자마자 두 손으로 얼굴을 가리고 흐느껴 울었습니다. 한참을 울고 난 후에 그분은 이렇게 말했습니다.

목사님, 저는 태어난 지 일주일 만에 부모님으로부터 버림받았습니다. 그 사실을 나중에야 알게 되었습니다. 부모와 헤어져서 얼마나 외롭고 쓸쓸하게 자랐는지 모릅니다. 버림받은 상처에 대한 고통으로 쓰라릴 때마다 부모가 미웠습니다. 한편으로 그분들이 너무 그리웠지만 또 너무 미웠습니다. 그런데 오늘 부모를 용서하라는 설교를 듣고 나니 아직까지 부모를 미워하는 자신을 저도 어떻게 할 수 없어 이렇게 찾아왔습니다.

그분이 버림받은 것은 60년도 더 지난 일이었습니다. 그런데도 그분의 마음의 상처는 마치 어제 일처럼 선명하였습니다. 아마도 그 상처 때문에 다른 사람들과 관계를 맺는 일이 자유롭지 못했을 것입니다. 친구 관계도, 배우자와의 관계도, 직장에서도, 자녀들과의 관계에서도 상처는 쓴맛을 남겨 주었을 것입니다. 어릴 적 부모의 무관심과 방치는 자녀에게 큰 고통을 줍니다. 마음 깊은 곳에 삐뚤어진 성품을 자라게 하여 일평생 그것에 의해 휘둘리며 살게 합니다.

그러므로 어떠한 경우에도 자녀를 무관심하게 대하지 말아야 합니다. 여러분의 가장 중요한 관심사가 자녀이게 하십시오. 자녀가 부모에게 관심의 우선 대상이 아닌 것, 그 자체가 자녀에게는 무언의 폭력입니다.

자녀를 양육하는 길

바울은 자녀를 노엽게 하지 말라고 권면한 후 어떻게 가르쳐야 하는지를 말합니다. 이는 자녀를 노엽게 하지 않는 것만으로는 충분한 교육이 되지 않기 때문입니다.

"……오직 주의 교훈과 훈계로 양육하라"(엡 6:4).

'양육하다.'에 해당하는 헬라어는 에크트레포입니다. 이 단어는 '자라게 하다.', '자라도록 돌보다.', '영양을 공급하다.'의 뜻이 있습니다. 이는 곧 자녀를 기른다는 것은 '불완전하고 부족한 한 사람을 돌보아 온전히 설 수 있도록 돕는 것'임을 알 수 있습니다.

부모는 자녀가 온전한 사람이 될 수 있도록 양육해야 합니다. 소극적으로는 노엽게 하지 않음으로써 그리고, 적극적으로는 주님의 교훈과 훈계로 그리하여야 합니다. 이를 위해서 다음의 사실을 숙고하여야 합니다.

주의 교훈으로

첫째로, 자녀를 주의 교훈(教訓)으로 양육해야 합니다. '교훈'을 뜻하는 헬라어 파이데이아의 일차적 의미는 '훈련', '교육'입니다. 영어 흠정역(KJV)은 이 단어를 '양육', '육성'을 의미하는 단어(the nurture)로 번역하였는데, 이는 성장에 필요한 양분을 뜻합니다.

아이는 육체적으로, 정서적으로, 사회적으로, 그리고 영적으로 충분한 자원을 공급받으며 자라야 합니다. 부모는 자녀를 위해 이 일에 일차적 책임이 있는 사람입니다.

육체와 음식에 대한 관계는 정신과 교훈의 관계와 비슷합니다. 아이는 태어나자마자 본능적으로 엄마의 젖꼭지를 물고 빱니다. 모유를 먹으며 영양분을 섭취하고, 좀 더 자라면 이유식을 먹습니다. 그리고 유아기를 지나면 밥을 먹으며 성장합니다. 이렇게 함으로써 활동에 필요한 에너지를 얻고 몸은 성숙해져 갑니다.

아이는 몸이 자라는 만큼 정신도 자라야 합니다. 몸은 어른처럼 자랐는데 한 인간으로서 다른 사람의 기쁨과 슬픔에 공감하지 못한다면 어떻게 사회의 일원으로 살아갈 수 있겠습니까? 세상 돌아가는 이치를 모른다면 어떻게 정상적인 사회생활을 하겠습니까? 그러므로 마땅히 부모는 자녀의 정신적 성장을 위해 교훈하여야 합니다. 이는 성품을 포함한 전인적인 돌봄이 필요하다는 사실을 의미합니다. 정신적인 지식을 전달해 주어 그 아이가 온전한 사람이 되도록 교육하는 것을 말합니다.

또한 부모는 아이가 영적으로 자라도록 도와야 합니다. 이 일을 위해 부모는 아이가 진정한 회심(回心)에 이르도록 기도해야 합니다. 하나님을 인격적으로 만나도록 도와야 합니다. 사도 바울이 말하는 교훈은 세상 교훈이 아니라 '주의 교훈'이기 때문입니다.

부모는 자녀가 유아 세례(幼兒洗禮)를 받을 때 이렇게 서약했습니다. "부모된 나는 이 아이를 하나님께 바치며, 겸손한 마음으로 하나님의 은혜를 의지하며, 이 아이에게 경건한 삶의 모범을 보이기를 힘쓰며, 이 아이를 위해 기도하며, 이 아이와 함께 기도하고, 거룩한 신앙의 도리를 가르치며, 이 아이를 주님의 교훈과 훈계로 양육할 것을 서약합니다."

부모는 이 서약대로 행해야 합니다. 자녀의 구원을 위해 기도하고, 그 아이가 진정한 회심에 이르도록 돌봐야 합니다. 그가 인격적으로 주님을 만나고 하나님의 말씀을 경험하며 살도록 간구해야 합니다.

초등학생도 회심하면 신자로서의 품위를 드러냅니다. 저는 어린아이들을 가르칠 때, 욕을 입에 달고 살던 아이가 회심한 후에는 욕을 하지 않는 것을 보았습니다. 일일이 지적하지 않아도 회심한 그 아이의 마음의 틀이 그것을 싫어하는 것입니다. 이것이 '주의 교훈'을 따르는 생활입니다.

사도 바울은 예수 그리스도의 마음 안에 있었던 하나님 닮은 성품이 우리의 자녀 안에도 가득하기를 바랐습니다. 곧 우리의 자녀가 그리스도를 닮아 가기를 바랐습니다. 그러나 지금은 부모의 관심사가 사뭇 다릅니다. 자녀를 기르면서 경쟁 사회에서 이길 수 있도록 준비하는 데 집중

합니다. 서울 강남에서는 아이를 명문대에 입학시키기 위해 대여섯 살 때부터 프로그램을 만들어 교육시킨다고 합니다. 그렇지만 좋은 사람이 되게 하기 위한 교육 프로그램이 있다는 말은 들어 본 적이 없습니다. 대부분의 부모의 관심은 어떻게 이 아이가 경쟁 사회에서 이길 수 있을까에만 집중되어 있습니다.

물론 자본주의 시대를 사는 우리는, 아이가 사회에서 잘 살아가도록 교육하여야 합니다. 그러나 경쟁에서 늘 이기기만 하는 사람은 거의 없습니다. 이기기도 하고 지기도 합니다. 더욱이 경쟁에서 이긴다고 해서 항상 행복한 것도 아닙니다. 육체의 질병을 만날 수도 있고 사고를 당할 수도 있습니다. 누군가의 미움의 대상이 될 수도 있습니다. 배우자를 잘못 만날 수도 있습니다. 자녀 때문에 가슴 아파할 수도 있습니다.

우리는 다양한 삶의 사태를 겪으며 살아갑니다. 자기가 원하지 않던 일을 만납니다. 그렇기 때문에 여러 삶의 사태들 속에서도 흔들리지 않으며 하나님을 향해 살 수 있는 방법을 자녀에게 가르쳐야 합니다. 어떤 일을 만나든지 하나님의 사람으로 견고히 서 있을 수 있도록 하여야 합니다. 이 일을 위해 자녀를 주의 교훈으로 양육해야 합니다.

주의 훈계로

둘째로, 자녀를 주의 훈계(訓戒)로 양육해야 합니다. '훈계'를 뜻하는 헬라어 누쎄시아는 '훈계', '책망'의 의미를 가집니다. 자녀를 향한 훈계 곧 책망이 올바른 것이 되기 위해서는 다음 두 가지가 요구됩니다.

첫째로는, 부모 자신이 먼저 자녀에게 기대하는 삶을 살아 내려고 애쓰는 진실(眞實)한 신자(信者)여야 합니다. 다른 방법으로는 책망이 올바른 효과를 낼 수 없습니다. 부모의 진실한 신앙생활을 보면서 아이들은 주의 훈계를 배웁니다. 자신이 바르지 못할 때 스스로 마음에 찔림도 받고 책망도 받습니다. 그러므로 부모가 먼저 하나님 앞에서 진실한 신앙인으로 자라기를 힘써야 합니다.

부모는 이 아이가 어떤 사람이 되었으면 좋겠다는 분명한 목표를 가진 사람입니다. 그 일을 위해 부모는 아이를 가르치고 타이릅니다. 부득이 할 때는 책망해서라도 참된 인간으로 자라도록 독려하여야 합니다. 이것이 부모의 가장 중요한 사명입니다.

이 일을 위해 부모는 '온전한 인간이 누구인가?', '이 아이는 어떤 사람이 되어야 할 것인가?'에 대한 상(像)을 먼저 가지고 있어야 합니다. 그러나 많은 부모들은 자신의 자녀를 변호사로, 가수로, 교사로 만들 생각만 있지, 어떤 사람이 올바른 사람인가에 대한 상은 없습니다. 부모인 본인들도 올바른 사람이 되고 싶은 마음이 없거나 적다면 그 부모에 의해 무슨 교육이 이루어지겠습니까?

둘째로는, 충분한 사랑의 마음으로 책망(責望)하여야 합니다. 자녀를 훈계할 때 부모에게는 책망보다 더 큰 사랑이 있어야 합니다. 그렇지 않으면 징계는 자녀의 마음에 상처를 가져다줄 것입니다.

아이들을 책망하는 것은 꼭 필요한 일입니다. 징계하지 않으면 사람답게 살아야 할 의무를 일깨우지 못합니다. 그러나 회초리의 아픔보다 마음에 경건한 통증을 만들어 주어야 합니다. '바르게 살지 못해 엄마 아빠의 마음을 아프게 했구나.'라는 경건한 슬픔 때문에 잘못된 길에서 돌이키지 않을 수 없도록 해야 합니다.

하나님을 사랑하지 않고는 이런 경건한 아픔을 느끼지 못합니다. 그러므로 부모는 아이가 하나님을 사랑하도록 도와야 합니다. 그렇지만 이 일은 부모의 힘만으로 가능하지 않습니다. 하나님의 은혜가 필요합니다.

우리 능력으로는 하나님께서 맡겨 주신 아이를 온전히 기를 수 없기 때문에 하나님을 의지해야 합니다. 내 아이조차 온전히 사랑할 수 없는 자신의 한계 때문에 기도해야 합니다.

그래서 자녀를 양육하는 책임은 우리로 하여금 하나님을 더욱 의지하게 하는 은혜의 방편과도 같습니다. 부모도 자녀를 기르면서 더 온전한 사람이 되어갑니다.

맺는말: 사랑으로 양육하라

모든 관계가 그렇듯 자녀와의 관계도 어렵습니다. 자기 자녀도 사랑하기 어려울 때가 있고 부모 역할을 내려놓고 싶을 때가 있습니다. 그때마다 기억하십시오. 하나님께서는 우리를 포기하신 적이 한 번도 없다는 사실을 말입니다. 우리 부모는 우리를 버릴지라도 하나님께서는 우리를 영접하십니다(시 27:10).

우리는 신앙생활을 하다가 세상으로 돌아갈 때가 있습니다. 제 발로 세상으로 돌아갔다가 또 제 발로 걸어서 주님께로 돌아옵니다. 하나님의 몽둥이나 채찍이 무서워서가 아니었습니다. 언제나 변함없이 우리를 기다리시는 그분의 사랑 때문이었습니다(눅 15:20). 그 사랑이 우리의 얼어붙은 마음을 녹였기 때문입니다.

우리는 자녀에게 그런 존재여야 합니다. 때로 부모의 품이 싫고 간섭이 싫어 뛰쳐나가지만 결국에는 '우리 부모님 품보다 따뜻한 데는 없다. 세상 사람들은 내가 가진 것 때문에 나를 좋아하지만 우리 엄마 아빠는 나를 사랑하는 사람들이야.'라는 신뢰의 마음으로 그 품으로 다시 돌아오게 하여야 합니다. 이를 위해 자녀를 온전히 사랑하십시오.

하나님께서는 이 아이를 잘 길러 달라는 부탁과 함께 우리에게 맡기셨습니다. 자녀는 여러분의 자녀라는 이유 때문에 특별하고, 하나님의 형상을 가졌다는 사실 때문에 매우 존귀합니다. 자녀와의 관계 속에서 주님께서 주신 기쁨을 누리는 부모가 되길 바랍니다.

자녀를 어떻게 길러야 하는가?

한눈에 보는 제4장 어린이주일 설교

자녀를 사랑하라

"또 아비들아 너희 자녀를 노엽게 하지 말고 오직 주의 교훈과 훈계로 양육하라"(엡 6:4).

- 가정은 올바른 지식을 습득하고, 참되게 살아가는 법을 배우는 곳이어야 한다.
- 이 두 가지를 위해 사도 바울은 부모에게 이렇게 권면한다.
 "또 아비들아 너희 자녀를 노엽게 하지 말고 오직 주의 교훈과 훈계로 양육하라"(엡 6:4).

I. 노엽게 하지 말라

- '노엽게 하다.'라는 말은 '분노하다.'라는 의미다. 부모는 자녀를 분노케 말아야 한다.
- 자녀가 분노하게 되면 참되게 살아가게 하는 열정이 고갈된, 비신앙적인 상태가 되기 때문이다.
- 자녀가 분노하게 되는 경우는 다음과 같다.

1. 잘못된 징계
- 첫째로, 부모의 징계가 잘못될 때다.
- 부모에게는 자녀를 징계할 권한이 있다.
- 그러나 그 징계가 바르지 않거나 과도할 때, 또 일관성이 없을 때, 자녀는 분노하게 된다.

2. 그릇된 기대
- 둘째로, 부모가 자녀에게 그릇된 기대를 강요할 때다.
- 하나님께서는 각 사람을 서로 다르게 만드셨다.
- 부모의 역할은 그 다름이 자녀 안에서 아름답게 형성되도록 돕는 것이어야 한다.

3. 언행의 불일치
- 셋째로, 부모의 언행이 불일치할 때다.
- 자녀는 자라면서 부모를 객관적으로 보게 된다. 그때 부모가 말로 가르치는 것과 실제 삶이 일치하지 않는다면 자녀는 분노하게 된다.

4. 무관심과 방치
- 넷째로, 부모가 자녀를 무관심으로 방치할 때다.
- 이때 아이는 마음에 상처를 입게 되고, 그것은 아이를 오래도록 고통스럽게 한다.
- 자녀를 무관심으로 방치하지 말라. 자녀가 당신의 최우선 순위가 되게 하라.

II. 자녀를 양육하는 길
- 바울은 부모에게 자녀를 노엽게 하지 말라고 한 후 어떻게 가르쳐야 할지를 말한다.
  "……오직 주의 교훈과 훈계로 양육하라"(엡 6:4).

1. 주의 교훈으로
- 첫째로, 부모는 자녀를 주의 교훈으로 양육해야 한다.
- 부모는 자녀의 성장에 필요한 음식과 정신적 교훈들을 공급하여야 한다.
- 또 아이가 영적으로 잘 자라도록 도와야 한다.
- 부모는 아이가 진정한 회심에 이르도록 기도하며, 하나님과의 인격적인 관계 안에서 살도록 도와야 한다.
- 바울이 말하는 교훈이 주의 교훈이기 때문이다.

2. 주의 훈계로
- 둘째로, 부모는 자녀를 주의 훈계로 양육해야 한다. 이를 위해 다음이 필요하다.
- 첫째로는, 부모는 자녀에게 기대하는 삶을 살아 내려 몸부림치는 사람이어야 한다.
- 둘째로는, 충분한 사랑의 마음으로 자녀를 책망해야 한다.
- 책망보다 더 큰 사랑이 필요하다. 그래야 책망이 자녀를 상처 입게 하지 않는다.

III. 맺는말: 사랑으로 양육하라
- 자녀와의 관계는 매우 어렵다. 때로 부모도 부모 노릇을 그만하고 싶을 때가 있다.
- 그렇지만 기억하라. 하나님께서는 한 번도 우리를 포기하지 않으셨다는 사실을.
- 하나님의 사랑으로 자녀를 키우길 바란다.

제5장
어버이주일 설교

사랑으로 부모를 섬기고 있는가?
부모를 공경하라

너는 네 하나님 여호와께서 명령한 대로 네 부모를 공경하라 그리하면 네 하나님 여호와가 네게 준 땅에서 네 생명이 길고 복을 누리리라 신 5:16

인간은 누구나 행복(幸福)하기를 원합니다. 한 사람의 생각과 행동은 행복이라는 하나의 초점으로 모아집니다. 그러나 실제의 삶을 보면 마음의 소원만큼 행복한 사람은 거의 없습니다. 대부분의 사람들이 불행하거나 만족스럽지 못한 삶을 살아갑니다.

사람들은 자신의 삶이 불행한 이유를 결핍에서 찾습니다. 소유나 지위, 건강 등이 모자라기 때문에 불행하다는 것입니다.

그러나 진정한 행복은 관계에 달려 있습니다. 하나님과 사람들, 그리고 피조 세계와 어떤 관계를 맺으며 사느냐가 우리가 느끼는 행복의 정도를 결정합니다.

이런 의미에서 보면 하나님께서 십계명(十誡命)을 주신 것은 인간의 행복을 위해서임을 알 수 있습니다. 십계명은 인간이 하나님과 어떤 관계를 맺어야 하는지를, 다른 사람과 어떤 관계를 맺으며 살아야 하는지를 알려 주기 때문입니다.

십계명은 두 부분으로 나눌 수 있습니다. 1계명에서 4계명까지는 인간이 하나님을 어떻게 섬겨야 하는지를, 5계명에서 10계명까지는 인간이 다른 사람들과 어떤 관계를 맺으며 살아야 하는지를 보여줍니다. 그런데 사람들 사이의 관계를 규정하는 계명 중 첫 번째로 등장하는 것이 바로 부모 공경(父母恭敬)의 계명입니다. 이는 부모와의 관계가 다른 관계에 비해 중요할 뿐 아니라 다른 관계의 토대가 되기 때문입니다.

십계명은 부모를 공경하는 것이 하나님의 명령이라고 말합니다. 그리고 우리가 하나님의 이 계명에 순종할 때 그분의 상급(賞給)이 뒤따른다는 사실을 가르쳐 줍니다.

"너는 네 하나님 여호와께서 명령한 대로 네 부모를 공경하라 그리하면 네 하나님 여호와가 네게 준 땅에서 네 생명이 길고 복을 누리리라"(신 5:16).

약속이 있는 계명

오늘날 부모 공경은 간데없는 세상이 되었습니다. 유교의 영향으로 효의 도리의 관성도 거의 사라지고 있습니다. 그러니 다음 세대에는 어떻게 될지 장담할 수 없습니다.

그러나 세월이 아무리 많이 흘러도 하나님의 계명은 변하지 않습니다. 하나님께서는 예나 지금이나 동일하게 부모를 공경하라고 명령하십니다. 사도 바울은 부모 공경이 약속(約束)이 있는 첫 계명이라고 말합니다.

"자녀들아 주 안에서 너희 부모에게 순종하라 이것이 옳으니라 네 아버지와 어머니를 공경하라 이것은 약속이 있는 첫 계명이니 이로써 네가 잘되고 땅에서 장수하리라"(엡 6:1-3).

십계명 중 부모를 공경하라는 계명에만 복(福)이 약속되어 있습니다. 다른 계명에는 상급이 없습니다. 넓은 의미에서 보면 어떤 계명이든 그 계명을 지킬 때 복을 받을 것입니다. 그러나 계명 그 자체에는 어떤 복을 받을 것이라는 구체적인 조항이 없습니다.

그러나 부모 공경의 계명은 다릅니다. 그 계명에는 상급이 걸려 있습니다. 이는 하나님께서 얼마나 간절히 자녀가 부모 공경하기를 바라셨는지를 보여줍니다.

하나님께서 부모를 공경하는 자에게 약속하신 복은 원래 다음과 같습니다. 이는 모세가 광야 교회의 지도자로서 이스라엘 백성에게 전해 준 말씀입니다.

"너는 네 하나님 여호와께서 명령한 대로 네 부모를 공경하라 그리하면 네 하나님 여호와가 네게 준 땅에서 네 생명이 길고 복을 누리리라"(신 5:16).

첫째로, 생명(生命)입니다. 하나님께서는 부모를 공경하는 자에게 장수를 약속하셨습니다. 지금과 같은 100세 시대에 장수는 그렇게 특별한 상급이 아닐 수 있습니다. 그러나 이스라엘 백성이 모세로부터 이 계명을 받았던 때를 생각해 보십시오.

당시에는 수많은 사람들이 질병과 전쟁 때문에 이른 나이에 죽었습니다. 그런 사람들에게 '너는 장수할 것이다.', '네 생명이 길 것이다.'라는 복의 약속은 지금 우리가 느끼는 것과는 사뭇 다른 느낌으로 다가왔을 것입니다.

둘째로, 땅입니다. 요즘도 땅을 가지고 있는 사람들은 부자(富者)입니다. 그런데 이 계명이 선포될 때에는 지금보다 땅이 더욱 중요했습니다. 당시는 농경 사회였습니다. 그리고 목축을 하는 사람들도 땅에서 나는 초목으로 짐승을 길렀습니다.

그래서 이스라엘 백성들에게 땅은 단순히 재물에 그치는 것이 아니었습니다. 자신과 자신의 가족, 그리고 후손들이 대대로 생명을 이어 나갈 삶의 터전이었습니다. 이스라엘 백성이 애굽에서 약 430년 머물렀습니다. 그들이 그 긴 세월 동안 종살이까지 해야 했던 것은 그들에게 땅이 없었기 때문입니다(출 12:40-41).

이런 사실을 고려할 때, '땅에서 복을 누리리라.'라는 약속은 얼마나 가슴 뛰는 상급입니까? 하나님께서는 그들이 가장 원했던 것을 상급으로 거셨습니다.

셋째로, 복(福)입니다. 하나님께서는 부모를 공경하는 자에게 복을 약속하셨습니다. 여기서의 복은 단지 영적인 복뿐만 아니라 물질을 포함하여 일반 섭리에서 받는 모든 복을 의미합니다.

많은 사람들은 하나님 없이도 복을 얻을 수 있다고 생각합니다. 그러나 하나님께서 축복의 문을 닫으시면 열 사람이 없고, 하나님께서 여시면 닫을 사람이 없습니다(계 3:7). 모든 복은 하나님께로부터 옵니다. 하나님께서는 부모를 공경하는 사람에게 하늘로부터 오는 신령한 복과 함께 이 땅에서 받는 일반적인 복도 약속하셨습니다.

하나님께서 얼마나 큰 상급을 부모 공경의 계명에 거셨는지 보십시오. 주님께서는 지금도 사면을 두루 살펴 당신의 계명을 지키는 자들을 찾으십니다(시 102:19). 그리고 그들을 만나면 복을 주십니다. 그러므로 마음을 돌이켜 부모를 깊이 공경하고 복을 누리는 성도들이 되길 바랍니다.

부모 공경의 의미

부모를 공경한다는 것은 무엇을 의미하는 것일까요? '공경하라.'라는 말에는 히브리어 카베드가 사용되었습니다. 이 단어의 기본적인 의미는 '무거운 것'입니다. 이는 하나님께서 자녀가 부모를 어떻게 대하기를 바라셨는지를 보여줍니다. 부모를 가볍게 여기지 말고 중요한 분으로 생각하라는 것입니다. 깊은 존중심과 두려움, 따뜻한 사랑으로 부모를 섬기라는 것입니다.

우리는 부모를 존중(尊重)해야 합니다. 부모를 중요한 사람으로 생각하고 머리 숙여야 합니다. 여러분의 부모는 사회적 지위가 높을 수도, 그렇지 않을 수도 있습니다. 인격적으로 고매한 분일 수도, 그렇지 않을 수도 있습니다. 가진 재물이 많을 수도, 그렇지 않을 수도 있습니다. 그러나 그것들이 어떤지와는 상관없이 부모를 공경해야 합니다.

이는 부모를 존중히 여기는 것이 부모가 가진 어떠한 장점 때문이 아님을 보여줍니다. 그분이 나의 부모라는 사실 그것 하나만으로도 부모를 공경해야 합니다. 나의 부모가 어떤 사람인지와는 상관없이 내가 부모의 살과 피를 받아 태어난 사람이기 때문에 부모를 공경해야 합니다. 이것이 하나님께서 부여하신 창조의 질서입니다.

성경은 자식이 잘못했을 때는 매를 들어서라도 바로잡으라고 하지만, 부모에게는 그럴 수 없습니다. 부모가 올바르지 않아도 자식은 부모를 징계할 수 없습니다(출 21:15, 잠 13:24). 부모는 어떠한 경우에도 자식이 존중해야 할 대상이기 때문입니다. 이 말씀은 모든 이스라엘 백성이 아멘으로 응답하여야 했던 말씀입니다.

"그의 부모를 경홀히 여기는 자는 저주를 받을 것이라 할 것이요 모든 백성은 아멘 할지니라"(신 27:16).

그렇기 때문에 부모를 공경한다는 것은 단지 생활비를 많이 드리는 것이 아닙니다. 부모와의 관계는 하나님과의 관계와 유사합니다. 교회에서 열심히 일하고 예배에 꼬박꼬박 참석하지만 하나님에 대해 무관심한 사람을 좋은 신자라고 하지 않습니다. 사랑하는 마음 없이 행하는 모든 신앙적 행위는 단지 외식일 뿐입니다. 사랑이 없으면 아무것도 아닙니다(고전 13:2).

마찬가지로 부모에게 외적인 의무(義務)를 다할 뿐 공경하지 않는 사람은 좋은 자녀가 아닙니다. 외적인 의무조차 내팽개친다면 사실상 그는 사람이라고도 할 수 없습니다.

부모 공경은 단지 외적인 의무가 아닙니다. 공경한다는 말의 또 다른 의미는 사랑한다는 것입니다. 하나님을 향한 사랑 없이 그분을 섬길 수 없는 것처럼 부모 공경도 그렇습니다. 만약 사랑 없이 공경하려 한다면 그것은 외식이 될 것입니다. 마음을 주지 않는 공경은 있을 수 없습니다.

부모를 사랑하라

부모 공경은 모든 자식의 의무입니다. 그런데 만약 이것이 저절로 되는 것이었다면 하나님께서 굳이 명령하실 필요가 없었을 것입니다. 부모에게 불효하기 위해서는 특별히 노력할 필요가 없지만 부모를 공경하기 위해서는 성령의 은혜(恩惠)가 필요합니다.

부모에게서 받은 상처

여러분의 어머니는 자식을 위해 모든 것을 바친 분일 수 있습니다. 아버지는 헌신적으로 수고하여 가정을 부양하였을 수 있습니다. 학식이 고매하고, 인격도 훌륭한 분일 수 있습니다. 거기에 거액의 재산까지 소유하고 있다면, 저절로 부모 공경은 이루어질 것입니다.

그러나 대부분의 자녀에게 부모는 이런 사람이 아닙니다. 교과서에 나오는 반듯한 분이 아닌 경우가 많습니다. 어쩌면 도덕적으로 문제가 있을 수도 있습니다. 여러분을 돌보지 않은 사람일 수도 있습니다.

말할 수 없는 육체적, 정신적 폭력을 부모에게 당한 자녀가 많습니다. 때로는 부모의 부족한 돌봄으로 마음의 상처(傷處)를 안고 사는 자녀도 있습니다. 부모의 경제적 무능으로 고달픈 자녀도 있습니다. 부모의 무관심과 외도, 음주 속에서 멍든 가슴을 부여잡고 사는 자녀도 많습니다.

어쩌면 여러분은 부모와 연락을 끊고 살 수도 있습니다. 부모의 얼굴을 보는 것이 그 무엇보다 괴로운 일일 수도 있습니다. 그런 사람들에게 부모를 공경하라는 계명은 지키기에 너무나 버거운 것입니다.

자식이 부모를 공경하지 못하는 많은 경우는 부모에게서 받은 상처가 아물지 않았기 때문입니다. 그것이 부모와의 관계를 꺼리게 하고 인격적인 소통을 멀리하게 합니다. 그래서 우리는 부모를 공경하기 전에 먼저 부모와의 올바른 관계를 회복하지 않으면 안 됩니다.

부모와의 관계를 회복하려고 할 때 먼저 생각할 것이 있습니다. 그것은 헛된 기대를 버려야 한다는 것입니다. 내가 이렇게 효도를 하면 우리 엄마 아빠가 변하겠지라고 생각하지 마십시오. 자녀가 아무리 잘해 드려도 그분들은 자녀에게 효도를 받았다고 생각하지 못할 수도 있습니다. 심지어 나는 자녀에게 상처 준 적이 없다고 생각할 수도 있습니다. 그저 그 모습으로 계속 사셔도 하나님 때문에 사랑해야 합니다.

부모를 공경하는 것은 쉽지 않습니다. 머리로는 부모를 공경해야 함을 알지만 마음의 상처는 쉽게 잊히지 않기 때문입니다. 세월이 오래 흘러도 마음의 상처는 잊히지 않습니다. 이것은 논리적으로 설득해서 해결할 수 있는 문제가 아닙니다. 때로는 수십 년 전의 일이 마치 어제 있었던 것처럼 처절하게 다가오기도 합니다.

마음 깊이 배어 흔적으로 남은 상처는 한두 번의 은혜로 사라지지 않습니다. 하나님의 은혜가 힘이 없어서가 아닙니다. 우리 안에 죄와 이기심이 너무나 깊이 뿌리 박혀 있기 때문입니다. 이 상처를 극복하기 위해서는 더 크고 지속적인 하나님의 은혜가 필요합니다. 넘치는 사랑이 필요합니다. 이 일은 참으로 많은 깨우침과 자기 깨어짐, 그리고 하나님의 사랑을 요구합니다.

그런데도 하나님께서는 신자들에게 부모를 공경하라고 말씀하십니다. "만약 너희 부모가 공경받을 만하면"이라고 말씀하시지 않고 그저 "부모를 공경하라."라고 하십니다. 그래서 우리는 먼저 부모를 용서(容恕)할 필요를 느낍니다. 깨어진 관계를 회복하는 유일한 길이 용서이기 때문입니다.

부모를 용서하라

성경에는 비상하리만치 하나님을 사랑한 사람들이 등장합니다. 그들의 상황은 모두 다릅니다. 세상에서의 지위도, 가진 재물도, 능력도 모두 다릅니다. 그런데 한 가지 공통점이 있습니다. 그것은 바로 하나님께로부터 깊은 용서를 경험하였다는 것입니다.

하나님께로부터 받은 용서의 깊이가 사랑의 깊이를 결정합니다. 하나님의 사랑은 사람들에게서 받은 상처를 이기게 합니다. 우리의 사랑으로는 미움과 상처를 극복할 수 없습니다. 부모를 사랑하고 공경할 수 없습니다. 그러나 복음은 이 일에 놀라운 자원과 능력을 줍니다. 깨어진 관계를 회복하는 놀라운 힘을 줍니다.

우리의 힘으로 하나님께 돌아갈 수 없을 때 하나님께서는 복음을 들려주셨습니다. 어찌할 수 없는 인생의 무게를 십자가 앞에 내려놓게 하셨습니다. 그때 우리는 더러운 죄인을 용서하시는 하나님의 큰 사랑에 눈을 떴습니다. 그리고 그분은 우리의 아버지가 되셨습니다. 이러한 심경을 시인 다윗은 눈물 어린 신앙으로 순화시켜 노래합니다.

> "······나의 구원의 하나님이시여 나를 버리지 마시고 떠나지 마소서 내 부모는 나를 버렸으나 여호와는 나를 영접하시리이다"(시 27:9-10).

하나님께서 왜 우리를 이런 가정에서 태어나게 하셨는지 알지 못합니다. 그렇지만 하나님의 섭리는 인간의 모든 지혜(知慧)를 뛰어넘습니다. 때로는 나빠 보이는 것 때문에 남이 갖지 못한 좋은 것을 하나님께로부터 얻기도 하고, 다른 사람은 경험하지 못한 은혜의 세계를 맛보기도 합니다.

하나님께서는 그런 은혜의 세계를 우리에게 열어 주셨습니다. 진리의 빛을 비춰 주었고, 우리의 부모는 알지 못한 사랑을 깨닫게 하셨습니다. 그래서 우리는 부모를 용서합니다. 부모가 사랑받을 만하기 때문이 아닙니다. 우리가 먼저 용서받았기 때문입니다. 아들을 내어 주시기까지 사랑하신 그 사랑 때문에 부모를 용서하는 것입니다.

신앙 안에서의 효도는 부모님께 좋은 것을 받았기 때문이 아닙니다. 그분들이 불쌍해서도 아닙니다. 우리가 하늘 아버지께 사랑을 받았기 때문입니다. 하늘 아버지께 받은 사랑 때문에 이 땅의 부모님을 사랑하는 것입니다.

하나님께서 어떠한 사랑으로 나를 용서해 주셨는지를 생각하십시오. 어떻게 무지와 오류 속에 있던 자를 이끌어 하나님 앞으로 나아오게 하셨는지 기억해야 합니다.

"보라 아버지께서 어떠한 사랑을 우리에게 베푸사 하나님의 자녀라 일컬음을 받게 하셨는가. 우리가 그러하도다 그러므로 세상이 우리를 알지 못함은 그를 알지 못함이라"(요일 3:1).

우리는 죄(罪) 중에 태어났습니다. 하나님을 원수로 대하던 본질상 진노의 자식들이었습니다(엡 2:3). 자신이 인생의 주인인 줄 알고 모질게 하나님을 대적하며 불순종(不順從)의 길로 걸어갔던 사람들이었습니다. 그런 우리를 하나님께서 그리스도를 주시기까지 사랑하셨습니다.

하나님께서는 그 놀라운 사랑으로 우리의 하늘 아버지가 되어 주셨습니다(마 6:9). 육체의 아버지에게서 받지 못한 사랑을 넘치도록 채워 주셨고, 육체의 어머니에게서 받지 못한 돌봄을 베풀어 주셨습니다. 그리고 우리에게 부모를 사랑하라고 하십니다.

하늘 아버지께서 부모를 사랑하는 것을 기뻐하시므로 우리는 부모를 공경하려 노력합니다. 하늘 아버지께서 그렇게 살 수 있는 힘을 끊임없이 공급해 주시기에 우리는 그렇게 살면서도 내게 공로가 있다고 생각하지 않습니다. 모든 것이 하나님의 은혜라고 말합니다.

맺는말: 사랑할 시간밖에 없습니다

자녀들은 부모에게서 상처받았다고 말합니다. 그래서 친한 사람에게 그것을 털어놓으며 자신의 부모가 얼마나 나쁜 사람인지를 말합니다. 그러나 부모는 그렇지 않습니다.

부모도 자녀로부터 상처를 많이 받습니다. 그러나 일반적으로 부모는 자녀에게 받은 상처를 이 사람 저 사람에게 말하지 않습니다. 조용히 간직합니다. 그래서 자녀들은 종종 오해합니다. 내가 이런 사람이 된 것은 부모가 나에게 잘못했기 때문이고 나는 원래 괜찮은 자녀라고 말입니다.

그러나 그 자녀가 부모가 되면 그때 부모의 심정을 이해하게 됩니다. 언제나 사랑을 더 많이 하는 쪽이 항상 을(乙)입니다. 부모가 자녀의 허물을 말하지 않는 것은 자녀가 잘해서가 아닙니다. 자녀를 많이 사랑하기 때문입니다. 자녀를 향한 부모의 사랑은 항상 드러난 것보다 더 큽니다. 우리는 이 사실을 기억해야 합니다.

세월은 쏜살같이 지나갑니다. 우리에게는 시간이 얼마 남지 않았습니다. 때를 놓치면 아무리 후회해도 소용이 없습니다. 사랑하고 용서하며 살아도 부족한 날들입니다.

아직 부모님이 살아 계시다면 하나님께 감사(感謝)하십시오. 우리는 언제나 잃어버린 다음에야 그것이 좋은 것이었다는 사실을 압니다. 부모님이 살아 계시다는 것 자체가 큰 선물입니다. 아직 관계를 회복할 기회가 남아 있다는 것이고, 사랑할 기회가 남아 있다는 의미이기 때문입니다.

그러므로 지난날의 가슴 아픈 기억들은 잊고 부모를 용서하십시오. 그리고 공경하십시오. 그때 우리는 알게 될 것입니다. 하나님께서 이 계명을 주신 것은 부모가 아니라 우리를 위해서였다는 사실을 말입니다. 부모를 공경함으로써 하나님의 복을 누리는 성도들이 되길 바랍니다.

사랑으로 부모를 섬기고 있는가?

한눈에 보는 제5장 어버이주일 설교

부모를 공경하라

"너는 네 하나님 여호와께서 명령한 대로 네 부모를 공경하라 그리하면 네 하나님 여호와가 네게 준 땅에서 네 생명이 길고 복을 누리리라"(신 5:16).

- 십계명은 두 부분으로 나눌 수 있다.
- 첫 번째 부분은, 1~4계명으로 하나님과 인간과의 관계를 다룬다.
- 두 번째 부분은 5~10계명으로 사람들 사이의 관계를 다룬다.
- 사람들 사이의 관계를 다루는 계명에서 처음으로 등장하는 것은 부모 공경의 계명이다.

I. 약속이 있는 계명
- 부모 공경 계명에는 상급이 약속되어 있다. 그 상급은 다음과 같다.
- 첫째로, 생명이다. 부모를 공경한 자에게는 장수가 약속되어 있다.
- 둘째로, 땅이다. 하나님께서는 땅이 없어 애굽에서 종살이한 이스라엘 백성에게 가장 필요한 땅을 약속하셨다.
- 셋째로, 복이다. 영적인 복뿐 아니라 일반 섭리를 통해서 받는 모든 복을 말한다.

II. 부모 공경의 의미
- 부모를 공경한다는 말은 부모를 존중하고 중요한 분으로 여기라는 말이다.
- 깊은 존중심과 두려움, 따뜻한 사랑으로 부모를 섬기라는 것이다.
- 부모를 공경하는 것은 부모의 장점 때문이 아니다.
- 단지 그분이 나의 부모이기 때문에 공경해야 한다. 이것이 창조의 섭리다.
- 부모를 공경하기 위해서는 부모를 사랑하여야 한다.
- 만약 사랑 없이 공경하려 한다면 그것은 외식이 될 것이다.

III. 부모를 사랑하라
- 부모 공경은 모든 자식의 도리이지만 저절로 되지 않는다.
- 성령의 도움이 필요하다. 우리의 부모는 완벽한 사람이 아니기 때문이다.

1. 부모에게서 받은 상처
   - 자녀들 중에는 부모에게서 상처를 받은 사람들도 있다.
   - 상처는 부모를 공경하는 데 방해가 된다.
   - 그래서 부모를 공경하기 전에 상처의 문제를 해결해야 한다.

2. 부모를 용서하라
   - 부모가 준 상처를 해결하기 위해서 자녀는 부모를 용서해야 한다.
   - 우리의 힘으로는 부모를 용서할 수 없다. 하나님의 은혜가 필요하다.
   - 하나님께로부터 받은 용서를 기억하라. 그 용서의 은혜로 부모를 공경하길 바란다.
   - 우리가 부모를 사랑하는 것은 부모에게서 어떤 좋은 것을 받았기 때문이 아니다.
   - 하나님께서 큰 사랑으로 나를 용서해 주셨기 때문이다.
   - 하나님께로부터 받는 사랑으로 돌아오라. 그래야 우리 영혼이 살 수 있다.

IV. 맺는말: 사랑할 시간밖에 없습니다
   - 세월은 쏜살같이 지나간다. 사랑하고 살아도 부족한 시간이다.
   - 부모와 화목하라. 부모를 마음 깊이 사랑하고 공경하라.
   - 그때 우리는 이 부모 공경 계명이 나를 위한 계명임을 알게 될 것이다.

제6장
온가족전도주일 설교

참된 행복에 이르는 길은 무엇인가?
천지 창조와 인간

태초에 하나님이 천지를 창조하시니라 창 1:1

인류 역사가 시작된 이래 인간이 고민하던 바가 있었습니다. '우주는 어떻게 해서 존재하게 되었는가?', '인간은 어디서 와서 어디로 가는가?', '인간은 어떻게 살아야 하는가?'

동서양의 철학(哲學)이 연구하던 궁극적인 주제도 이 질문에 대한 답이었습니다. 인류 역사에 등장한 수많은 종교도 이 질문에 대한 답을 찾기 위해 노력했습니다. 그러나 그 누구도 분명한 답을 찾지 못했습니다. 성경은 그에 대한 답을 제시함으로써 시작됩니다.

"태초에 하나님이 천지를 창조하시니라"(창 1:1).

이 구절은 하나님의 계심을 선언(宣言)합니다. 그리고 하나님으로 말미암아 온 세상이 지어졌음과 모든 피조물은 하나님을 의지하며 살아야 함을 선포합니다.

창조의 하나님

하나님께서는 모든 것을 목적(目的) 있게 지으셨습니다. 그래서 각 피조물에게는 고유한 존재 목적이 있습니다. 그리고 모든 피조물의 존재 목적은 하나로 연결되어 더 큰 목적을 이루는 데 기여합니다. 그것은 하나님의 아름다움을 세상에 드러내는 것입니다(사 43:7).

우주를 지으신 하나님

도시를 떠나 한적한 곳에서 밤하늘을 바라볼 때가 있습니다. 그 하늘에 떠 있는 별들은 말 그대로 보석(寶石)처럼 빛납니다. 만약 달과 별이 없었다면 밤하늘은 어둠에 적막했을 것입니다. 하나님께서는 별들을 지으심으로써 세상을 더욱 아름답게 하셨습니다. 그러나 우리 눈에 보이는 별들은 우주에 있는 별들 중 극히 일부분일 뿐입니다.

지구는 태양을 돌고 있는 여덟 개의 행성 가운에 하나입니다. 그리고 그 행성들 주위를 다시 약 160개의 위성들이 돌고 있습니다. 이 태양계는 '우리 은하'에 속해 있습니다. 우리 은하에 있는 모든 항성들마다 태양계의 공식을 적용한다면 우리 은하계 안에는 약 3조 2천억 개의 별들이 있다는 계산이 나옵니다.[1]

인간의 눈으로 관측 가능한 우주에는 이런 은하가 약 1천억 개 존재한다고 하니, 우주 전체의 별들은 인간이 상상할 수 없으리만치 많을 것입니다. 그렇다면 우리 앞에 펼쳐진 우주는 얼마나 넓기에 그 안에 그토록 많은 별들이 있는 것일까요?

과학자들은 우주 이 끝에서 저 끝까지의 거리를 약 150억 광년으로 추정합니다. 그러나 그것은 관측 가능한 거리일 뿐입니다. 1광년은 빛이 1년을 달려 도달한 거리입니다. 지구에서 달까지의 거리를 빛이 약 1.3초에 간다고 하니, 1광년만 해도 어마어마한 거리입니다.

더욱 놀라운 것은 우주의 끝에 무엇이 있을까 궁금하여 150억 광년을 걸려 그 끝에 도달한다고 할지라도 끝에 이르지 못한다는 것입니다. 우주는 계속 팽창하고 있기 때문입니다.

우주 밖에 또 무엇이 있기에 우주는 팽창하는 것일까요? 그러면 있는 그것은 공간이 아닌 또 다른 무엇일까요?

---

1) 김남준, 『깊이 읽는 주기도문』 (서울: 생명의말씀사, 2013), 44.

이처럼 광대한 우주를 하나님께서는 어떻게 창조(創造)하셨습니까? 말씀 한마디로 창조하셨습니다. 하나님께서 "있으라." 하시자 광대한 우주 공간이 조성되었고, 수많은 별들이 생겼습니다. 이는 하나님이 얼마나 위대한 분이신지를 생각하게 합니다.

창조 세계는 위대할 뿐만 아니라 아름다운 질서 가운데 운행됩니다. 일점일획의 오차 없이 운행되는 천체의 움직임은 창조주의 지혜에 경외심을 표하게 합니다(창 8:22, 시 136:8-9). 그리고 이 모든 것을 지으신 하나님이 얼마나 아름다운 분이신지를 생각하게 합니다.

인간을 만드신 하나님

우주의 광대함을 생각할 때 인간은 아무것도 아닌 것 같습니다. 그렇지만 하나님께서는 인간을 위대하게 지으셨습니다. 크기나 수명으로 보면 보잘것없는 인간을 당신의 형상(形狀)을 따라 지으셨습니다.

"하나님이 이르시되 우리의 형상을 따라 우리의 모양대로 우리가 사람을 만들고 그들로 바다의 물고기와 하늘의 새와 가축과 온 땅과 땅에 기는 모든 것을 다스리게 하자 하시고"(창 1:26).

인간은 하나님의 형상으로 지음받았습니다. 그래서 지성(知性)으로는 하나님을 알 수 있었고, 감정(感情)으로는 하나님과 그분이 지으신 만물의 아름다움을 느낄 수 있었습니다. 또한 의지(意志)는 하나님과의 관계 안에서 올곧았습니다. 그로 인해 인간은 하나님께서 부여하신 사명을 따라 살 수 있었습니다.

하나님께는 인간을 지으신 목적이 있습니다(엡 2:10). 하나님께서는 인간이 위로는 하나님을 경외하고, 옆으로는 다른 사람을 자기 몸처럼 사랑하길 바라셨습니다. 그리고 아래로는 자연계를 선의(善意)로써 돌보길 기대하셨습니다.

그래서 아담은 흙으로 지으셨지만 하와는 아담의 몸의 일부로 지으셨습니다(창 2:21). 이것은 두 사람이 본래 한몸임을 알고 사랑하게 하기 위해서였습니다(창 2:23).

자기 몸을 사랑하지 않는 사람은 없습니다. 자기를 사랑하는 것은 교육받을 필요가 전혀 없습니다. 저절로 됩니다. 추우면 덮어 주고 배고프면 먹여 줍니다. 이와 같이 우리는 다른 사람을 사랑해야 합니다. 하나님께서는 이렇게 사랑으로 연합된 공동체를 바라고 인류를 지으셨습니다(창 1:31).

죄를 범한 인간

이 모든 상황을 뒤집어 버릴 큰 문제가 생겼습니다. 인간이 하나님께 죄를 지은 것입니다(창 3:6). 죄는 인간으로 하여금 하나님의 창조의 목적을 떠나게 하였는데, 이것은 구체적으로 관계의 파괴로 나타났습니다.

하나님과의 관계 파괴

첫째로, 하나님과의 관계가 파괴되었습니다. 인간은 죄를 지음으로써 하나님께 무관심한 존재가 된 것이 아니라 하나님의 원수가 되었습니다 (골 1:21).

인간이 죄를 짓자 하나님을 향한 친밀함은 사라졌습니다. 그리고 창조에 있어서 자신의 근원이신 하나님을 본성적으로 미워하게 되었습니다. '하나님은 없어.', '하나님이 있다면 그는 인간을 괴롭히는 나쁜 존재야.'라는 생각이 마음 안에 가득하게 되었습니다.

인간은 영혼(靈魂)과 육체(肉體)로 이루어져 있습니다. 행복을 위해서는 육체에 적절한 지상의 자원(資源)이 공급되어야 합니다. 그러나 이것보다 더 중요한 것이 있습니다. 그것은 영혼에 공급되는 천상의 자원입니다. 천상의 자원은 하나님께로부터 옵니다.

그렇지만 하나님과의 관계가 깨어지자 인간은 천상의 자원을 공급받을 수 없게 되었습니다. 하나님께로부터 오는 하늘 생명과 사랑으로 자신을 인간으로 지으신 사명을 성취해야 하는데, 그렇게 살아갈 수 있게 하는 자원이 고갈된 것입니다. 그러니 당연히 자신의 존재 목적을 이루지 못하는 비참한 존재가 되었습니다.

하늘의 생명으로부터 멀어지자 인간은 더럽고 추한 것들에 자극받게 되었습니다. 올곧게 연결되어 있던 지성과 감정, 의지 사이의 관계는 깨어졌습니다. 그러자 그렇게 하면 안 된다는 것을 알면서도 악(惡)을 행하는 존재가 되었습니다. 머리로 바르게 알지라도 아는 것보다 감정에 따라 행하는 존재가 되었습니다. 그로 인해 인간은 끊임없는 고통(苦痛)에 시달리게 되었습니다.

사람들과의 관계 파괴

둘째로, 인간과의 관계가 깨어졌습니다. 아담은 범죄하기 전 하와를 자신의 몸의 일부보다 더 귀하게 사랑하였습니다. 그래서 인류 최초의 결혼은 다음과 같은 고백으로 시작되었습니다.

> "아담이 이르되 이는 내 뼈 중의 뼈요 살 중의 살이라 이것을 남자에게서 취하였은즉 여자라 부르리라 하니라"(창 2:23).

아담에게 하와는 가장 소중한 뼈요, 가장 귀중한 살이었습니다. 그러나 죄를 범한 후 그 관계는 파괴되었습니다(창 3:12). 인간들 사이의 아름다운 사랑의 관계가 깨뜨려졌습니다. 아담과 하와가 낳은 자식들을 보십시오. 서로 미워하여 살인까지 일어났습니다(창 4:8). 하나님과의 관계가 파괴되자 인간들 사이의 관계도 자연스럽게 깨뜨려진 것입니다.

우리의 현실을 살펴보십시오. 사랑해야 할 남편과 아내, 혹은 부모와 자녀 사이의 관계가 깨어진 사람이 너무 많습니다. 심지어 다른 사람의 고통을 발판 삼아 자신의 유익을 추구하기도 합니다. 이 모두 사람들 사이의 관계가 깨어졌기 때문입니다. 인간은 마치 화목할 수 없도록 운명 지어진 것 같습니다. 이는 모두 하나님과의 사랑의 관계가 깨어졌기 때문입니다.

사람과의 관계를 깨뜨리기 위해서는 특별히 노력할 필요가 없습니다. 그저 나 좋은 대로 살면 됩니다. 그러면 모든 관계가 엉망이 됩니다. 그러나 서로 사랑하고 이해받는 관계가 되기 위해서는 얼마나 많은 노력(努力)과 희생(犧牲), 그리고 양보(讓步)와 긍휼(矜恤)이 필요한지 모릅니다.

여러분의 고민은 대부분 사람에게서 온 것이고, 그것은 모두 사랑하며 살아야 할 관계가 깨졌기에 받는 고통입니다. 그래서 사랑해야 할 남편이 원수가 되고, 존경해야 할 어머니가 십자가가 됩니다. 아버지가 고통이 되고, 눈에 넣어도 안 아플 자식이 내 발을 묶는 차꼬가 됩니다. 이 모든 것이 죄의 강력한 영향력입니다.

자연과의 관계 파괴

셋째로, 자연과의 관계가 파괴되었습니다. 인간이 죄를 짓자 아름답고 찬란하던 창조의 영광은 사라졌습니다. 땅은 저주를 받고 가시덤불과 엉겅퀴를 내게 되었습니다(창 3:18). 선한 관리자로 부름받은 인간은 다스려야 할 자연으로부터 고통받는 처지가 되었습니다.

또한 인간은 자신의 유익을 위해 자연을 파괴하는 존재가 되었습니다. 여러분은 최근에 일어나고 있는 '플라스틱 덜 쓰기 운동'에 대해 들어 보앉을 것입니다. 인간이 사용하는 플라스틱으로 인해 고통받는 자연에 대해 사람들이 이제야 관심을 갖기 시작했습니다.

2018년 2월, 스페인 해변에서 향유고래 한 마리가 발견되었습니다. 보통의 향유고래는 몸집이 약 10t 정도 되는데, 스페인에서 죽은 채 발견된 고래는 매우 말라 있었습니다. 기이하게 여긴 학자들은 이 고래의 사체를 해부해 보았습니다. 그랬더니 배 속에서 각종 플라스틱과 비닐, 우산 등이 29kg이나 쏟아져 나왔습니다. 먹이인 줄 알고 삼켰다가 소화 장애를 일으켜 영양실조로 죽었을 것으로 추정됩니다.[2]

매년 얼마나 많은 플라스틱 제품이 생산되는지 상상할 수조차 없습니다. 플라스틱 제품은 보통 단기간에 사용하는 것들이기 때문에 한두 번 사용하고 버려지는 경우가 많습니다. 그렇게 버려진 제품 대부분은 바다로 흘러 들어갑니다.

더 심각한 것은 플라스틱 제품이 분해되어 5mm 미만이 되면 조류와 바다 생물에게 먹이가 된다는 것입니다. 특히 바다거북은 비닐봉지를 해파리로 오해하여 먹기도 합니다. 라이터 같은 것들을 먹은 새는 그것을 토해 내지 못해 죽기도 합니다.

이러한 상태가 얼마나 심각한지 모릅니다. 많은 학자들은 이런 상황에 대해 일치된 의견을 내놓았습니다. 만약 지금 제동을 걸지 않는다면

---

[2] 뉴스줌, "'플라스틱 쓰레기' 29kg 삼킨 향유고래 사체 발견", 2020년 04월 10일, https://news.zum.com/articles/44413853.

2050년도에는 바닷속 물고기의 무게보다 바다에 버려진 플라스틱의 무게가 더 무거울지도 모른다는 것입니다.[3]

위에서 언급한 것들은 인간이 자연을 파괴하는 극히 일부분에 해당되는 예일 뿐입니다. 인간의 탐욕은 멈추지 않습니다. 고기 1파운드를 얻기 위해서는 곡물 9파운드가 필요합니다. 그래서 미국이 생산하는 곡물 70%는 사람의 입으로 들어가는 것이 아니라 가축의 사료로 사용됩니다.[4] 극도의 가난으로 죽어 가는 아프리카의 아이들과 서남아시아의 난민을 생각해 보십시오. 서구 사회는 그들을 돕기보다는 인간의 탐욕을 위해 곡물을 사용하는 것을 택합니다.

이미 있는 지구상의 경작지를 모두 활용하면 150억 명을 먹이고도 남을 식량(食糧)을 생산할 수 있다고 합니다. 문제는 사람이 먹어야 하는 곡물이 가축에게서 고기를 얻기 위해 사료로 사용된다는 것입니다. 더욱이 농산물 가격의 상승을 위해 매점매석하고 채산성을 위해 땅을 유휴 경작지로 내버려 둠으로써 곡물류의 생산이 불안정해지게 되고 그 결과 골고루 배분되지 않아, 한쪽에서는 영양 과다로 인한 질병이 유행하고 한쪽에서는 굶주리는 일이 일어납니다.

이러한 인간의 탐욕의 결과는 고스란히 인간에게로 돌아옵니다. 밥상에 올라온 생선들 속에는 인간이 버린 쓰레기로 인해 각종 질병을 유발

---

3) 찰스 무어, 커샌드라 필립스, 『플라스틱 바다』, 이지연 역 (서울: 미지북스, 2013), 96.
4) 제레미 리프킨, 『육식의 종말』, 신현승 역 (서울: 시공사, 2011), 194.

하는 물질이 가득합니다. 인간이 그것을 먹었을 때 어떤 영향을 받을지 그 누구도 정확히 예측할 수 없습니다. 10년, 20년 후에는 어떤 비극이 일어날지 아무도 모릅니다.

이 모두 죄가 가져온 결과입니다. 죄가 가져온 파괴력이 얼마나 두려운지 보십시오. 인간은 포악한 군주가 되어 자연계를 무너뜨리고 있습니다. 그리고 그 결과는 부메랑이 되어 인간을 파괴합니다. 인간은 하나님께서 아름답게 지으신 세계를 이렇게 망가뜨리고 있습니다.

예수님을 보내신 사랑

인간의 불행은 짧게 보면 이 세상의 자원이 부족하기 때문입니다. 건강이 부족하기 때문에, 물질이 없기 때문에, 사람들과 관계가 좋지 않기 때문에 불행합니다. 그러나 돈이 있다고 하더라도, 건강하다고 하더라도, 인간관계가 좋다고 하더라도 마냥 행복한 것은 아닙니다. 이런 것들이 우리를 참된 복으로 인도하는 것은 아니기 때문입니다.

인간이 불행한 궁극적인 이유는 영혼에 생명을 주는 하늘 자원이 모자라기 때문입니다. 인간은 범죄함으로써 하나님과의 관계가 파괴되어 하늘 자원을 공급받을 수 없게 되었습니다.

하늘 자원을 공급받기 위해서는 하나님과의 관계가 회복되어야 합니다. 그러나 인간에게는 범죄할 능력만 있지 하나님과의 관계를 회복할 힘은 없습니다. 인간에게는 밖으로부터 오는 구원이 전적으로 필요합니다. 그래서 하나님께서는 예수 그리스도를 이 세상에 보내셨습니다.

"하나님이 세상을 이처럼 사랑하사 독생자를 주셨으니 이는 그를 믿는 자마다 멸망하지 않고 영생을 얻게 하려 하심이라"(요 3:16).

그리스도께서는 고통받는 사람들을 위해 오셨습니다. 자기의 힘으로는 하나님을 제대로 알 수도 없고, 어떻게 하나님께로 돌아가야 하는지도 모르는 사람들을 위해 오셨습니다. 하나님께서는 우리의 죄를 그리스도께 대신 짊어지우셨습니다. 그리고 그분을 율법의 저주를 받아 형벌(刑罰)당하고 죽게 하셨습니다(갈 3:13). 그분은 십자가의 죽으심으로 화목제물이 되셨습니다(요일 2:2). 그로 인해 하나님과 인간 사이의 막힌 담을 허무시고 하나님과 인간 사이의 화목을 다시 이루셨습니다.

"그는 우리의 화평이신지라 둘로 하나를 만드사 원수된 것 곧 중간에 막힌 담을 자기 육체로 허시고"(엡 2:14).

하나님의 아들이 구원 얻을 죄인(罪人)을 대신하여 죽으셨습니다. 그리스도께서 나의 죄를 짊어지고 십자가에서 죽으셨다는 사실을 믿을 때, 하나님께서는 우리의 죄를 용서해 주십니다. 하나님과 우리 사이의 관계를 회복하시고, 하늘 생명을 한없이 부어 주십니다. 그 생명의 힘으로 이 세상을 넉넉히 이기며 살아가게 하십니다.

이 생명은 하나님의 사랑입니다. 그래서 하나님의 사랑을 깨달은 사람들은 용서할 수 없었던 사람을 용서하고, 사랑할 수 없는 사람을 사랑합니다. 그 사랑으로 다른 사람들과의 관계가 회복됩니다. 그리고 탐욕과 이기심으로 대하던 자연을 선의로 돌보게 됩니다. 곧 하나님께서 세상을 지으실 때 바라셨던 창조의 목적을 따라 사는 존재가 되는 것입니다. 그때 인간은 하나님 안에서 참된 행복을 누리게 됩니다.

맺는말: 하나님께로 돌아오라

하나님께서는 범죄한 인간을 사랑하셨습니다. 이 위대한 사랑은 무엇으로도 끊을 수 없습니다. 그 사람이 살든지 죽든지, 그가 이 세상에서 무슨 일을 만나든지 끊을 수 없는 위대한 사랑입니다. 영원하시고 변함없으신 하나님으로부터 그리스도를 통하여 오는 사랑이기 때문입니다.

"내가 확신하노니 사망이나 생명이나 천사들이나 권세자들이나 현재 일이나 장래 일이나 능력이나 높음이나 깊음이나 다른 어떤 피조물이라도 우리를 우리 주 그리스도 예수 안에 있는 하나님의 사랑에서 끊을 수 없으리라"(롬 8:38-39).

기독교(基督敎)는 우리의 아버지가 되신 하나님께로 다시 돌아가게 하는 종교입니다. 이제껏 살아왔던 세상은 타향이고 우리의 본향은 하나님 나라에 있음을 알게 하는 종교입니다.

기독교는 우리가 하나님의 집에 있어야 할 존재임을 알게 합니다. 그래서 기독교 신앙을 갖는다는 것은 특별한 일을 하는 것이 아닙니다. 마땅히 해야 했지만 죄로 어두워진 마음 때문에 무엇이 도리인 줄 알지 못했던 것들을 행하게 하는 종교입니다.

지금이 하나님께로 돌아갈 시간입니다. 고단하고 외로운 삶을 뒤로하고 하나님 아버지께로 돌아오십시오. 사랑이 많으신 하나님 품에서 영혼의 안식(安息)을 누리십시오. 하나님께서는 우리가 돌아오기를 간절히 바라고 계십니다. 하나님께로 돌아와 그분과 사랑의 교제를 누리며 사는 성도들이 되길 바랍니다.

참된 행복에 이르는 길은 무엇인가?

한눈에 보는 제6장 온가족전도주일 설교

천지 창조와 인간

"태초에 하나님이 천지를 창조하시니라"(창 1:1).

- 성경은 하나님의 계심과 그분으로 말미암아 온 세계가 창조되었음을 선언한다. "태초에 하나님이 천지를 창조하시니라"(창 1:1).

I. 창조의 하나님
- 하나님께서는 모든 것을 목적 있게 지으셨다.
- 각 피조물의 창조 목적은 더 큰 하나의 목적을 위해서 존재한다.
- 그것은 바로 하나님의 아름다움을 세상에 드러내는 것이다.

1. 우주를 지으신 하나님
- 하나님께서는 거대한 우주를 말씀 한마디로 지으셨다.
- 이를 통해 우리는 하나님이 얼마나 위대하고 지혜로운 분이신지를 알게 된다.

2. 인간을 만드신 하나님
- 하나님께서는 인간을 당신의 형상을 따라 지으셨다.
- 이로써 인간은 하나님을 알 수 있는 존재로, 하나님이 부여하신 사명을 따라 살 수 있게 되었다.
- 인간의 사명은 하나님을 경외하고, 다른 사람들을 자기 몸처럼 사랑하는 것이다. 그리고 자연계를 선대하는 것이다.

II. 죄를 범한 인간
- 그런데 인간이 죄를 지었다. 죄는 하나님의 창조의 목적을 떠나게 하였다.
- 죄를 범한 인간의 비극은 관계의 파괴로 나타났는데, 다음과 같다.

1. 하나님과의 관계 파괴
- 첫째로, 하나님과의 관계가 파괴되었다.
- 인간은 하나님을 원수로 대적하였다. 그로 인해 인간에게는 하늘 자원이 고갈되었다.
- 하늘 자원의 결핍은 인간으로 하여금 창조 목적을 떠나 비참한 존재가 되게 하였다.

2. 사람들과의 관계 파괴
  - 둘째로, 다른 사람들과의 관계가 파괴되었다.
  - 죄로 인하여 사랑해야 할 관계가 미워하고 원수 맺는 사이가 되었다.

3. 자연과의 관계 파괴
  - 셋째로, 자연과의 관계가 파괴되었다.
  - 인간이 죄를 짓자 땅은 저주를 받고 가시덤불과 엉겅퀴를 내게 되었다.
  - 또한 인간의 탐욕은 자신의 유익을 위해 자연을 파괴하게 하였다.
  - 자연 파괴의 결과는 인간에게 고스란히 되돌아와 인간을 괴롭게 하게 되었다.

III. 예수님을 보내신 사랑
  - 인간 불행의 궁극적인 원인은 하늘 자원이 모자라기 때문이다. 이는 죄 때문이다.
  - 인간의 죄의 문제를 해결하기 위해 하나님께서는 예수 그리스도를 세상에 보내셨다.
  - 예수 그리스도께서는 십자가에서 죽으심으로써 인간과 하나님 사이를 다시 화목케 하셨다.
  - 그로 인해 인간은 하나님으로부터 하늘 자원을 공급받게 되었다.
  - 그 자원으로 다른 사람들, 그리고 자연계와 화목하게 되었다. 다시 창조의 목적으로 돌아가게 된 것이다.

IV. 맺는말: 하나님께로 돌아오라
  - 기독교는 특별한 것을 요구하는 종교가 아니다.
  - 인간이 마땅히 해야 했으나 할 수 없는 그것을 하게 하는 종교다.
  - 그러므로 이제 하나님께로 돌아가라.
  - 그분과의 사랑의 교제 안에서 참된 복을 누리길 바란다.

제7장
성령강림주일 설교

성령과 교회,
세상의 회복은 어떤 관계가 있는가?
성령 강림과 하나님의 구원 계획

> 우리가 다 우리의 각 언어로 하나님의 큰일을 말함을 듣는도다 하고 다 놀라며 당황하여 서로 이르되 이 어찌된 일이냐 하며 또 어떤 이들은 조롱하여 이르되 그들이 새 술에 취하였다 하더라 베드로가 열한 사도와 함께 서서 소리를 높여 이르되 유대인들과 예루살렘에 사는 모든 사람들아 이 일을 너희로 알게 할 것이니 내 말에 귀를 기울이라 행 2:11-21

예수 그리스도께서는 십자가(十字架)에서 죽으신 후 사흘 만에 살아나셨습니다. 그리고 40일 동안 세상에 계시면서 하나님 나라의 일을 말씀하셨습니다(행 1:3). 그 후 하늘로 올라가시기 전 제자들에게 말씀하십니다.

"……이르시되 예루살렘을 떠나지 말고 내게서 들은 바 아버지께서 약속하신 것을 기다리라 요한은 물로 세례를 베풀었으나 너희는 몇 날이 못되어 성령으로 세례를 받으리라 하셨느니라"(행 1:4-5).

제자들은 이 말의 의미(意味)를 온전히 이해하지 못했습니다. 그래서 이스라엘을 회복하시는 때가 언제인지를 묻습니다(행 1:6). 제자들이 말하는 '이스라엘 나라'는 번영하던 다윗 시대의 왕국을 염두에 둔 표현입니다.

이스라엘 사람들은 메시아를 기다렸습니다. 그러나 그들이 기다리던 메시아는 인류를 죄(罪)에서 구원할 분이 아니었습니다. 오히려 초인적인 존재로서 육적 이스라엘에게 세상적인 복을 누리게 할 정치적 구원자였습니다. 그리하여 이스라엘 사람들은 메시아가 오면 이민족의 억압에서 벗어나 다윗 시대의 영광을 다시 누릴 것이라 생각했습니다.

이런 사정은 제자들도 별반 다르지 않았습니다. 예수 그리스도의 십자가의 죽음과 부활(復活)을 목격하였음에도 불구하고 제자들은 깨달은 바가 별로 없었습니다. 그들은 이스라엘이라는 세상 나라가 화려하게 도래할 날을 고대하고 있었습니다. 그래서 이 세상 왕국인 이스라엘이 회복될 때가 언제인지 물었습니다.

제자들의 질문은 어리석었으나, 예수 그리스도께서는 그들의 질문의 관심사를 돌리시듯 때와 시기에 대해 말씀하십니다. 제자들이 그것에 관심을 갖지 말아야 한다고 말씀하십니다. 그것은 하나님께 속한 일이라는 것입니다. 오히려 그리스도께서는 제자들이 정말로 관심을 가져야 할 것에 대해 말씀하십니다.

"이르시되 때와 시기는 아버지께서 자기의 권한에 두셨으니 너희가 알 바 아니요 오직 성령이 너희에게 임하시면 너희가 권능을 받고 예루살렘과 온 유대와 사마리아와 땅 끝까지 이르러 내 증인이 되리라 하시니라"(행 1:8).

오순절 성령이 오심

예수 그리스도께서 세상에 오심으로 하나님의 나라는 이미 도래하였습니다(마 12:28). 그리고 그분이 다시 오시는 날에 완성될 것입니다.

그러나 제자들이 생각하던 하나님 나라와 그리스도께서 바라본 나라는 서로 달랐습니다. 그리스도께서 회복시킬 나라는 새 이스라엘이었습니다. 그것은 이 세상의 땅과 제도 위에 이루어지는 육적 왕국(肉的王國)이 아니라 각 사람의 심령 속에 이루어지는 영적 왕국(靈的王國)이었습니다. 구약의 이스라엘은 창과 칼, 재물로 이루어졌지만 새 이스라엘은 그런 것으로 오는 나라가 아니었습니다. 다윗의 보좌는 그리스도께로 영원히 계승될 것인데, 그것은 성령이 오심으로 임하는 나라입니다.

그래서 예수 그리스도께서는 "오직 성령이 너희에게 임하시면 너희가 권능을 받고 예루살렘과 온 유대와 사마리아와 땅 끝까지 이르러 내 증인이 되리라."라고 말씀하셨습니다(행 1:8). 그러나 제자들은 이 말씀의 의미를 분명히 알지 못했습니다. 그럼에도 불구하고 제자들은 예루살렘을 떠나지 말고 하나님께서 약속하신 바를 기다리라는 그리스도의 말씀에 순종하였습니다(행 1:4).

제자들은 마가의 다락방이라고 불리는 곳에서 기도하며 기다렸습니다(행 1:13-14). 오순절이 되었습니다. 홀연히 하늘로부터 급하고 강한 바람 같은 소리가 들렸습니다. 그리고 각 사람 위에 불의 혀처럼 갈라지는 것들이 임했습니다. 성령이 오신 것입니다(요 14:16).

"오순절 날이 이미 이르매 그들이 다같이 한 곳에 모였더니 홀연히 하늘로부터 급하고 강한 바람 같은 소리가 있어 그들이 앉은 온 집에 가득하며 마치 불의 혀처럼 갈라지는 것들이 그들에게 보여 각 사람 위에 하나씩 임하여 있더니 그들이 다 성령의 충만함을 받고 성령이 말하게 하심을 따라 다른 언어들로 말하기를 시작하니라"(행 2:1-4).

성령은 '홀연히 하늘로부터' 임하셨습니다. 이는 사람들이 예상치 못할 때 예상치 못한 방법으로 성령이 임하셨음과 성령의 오심이 하나님의 주권 아래 있음을 보여줍니다.

성령은 예상치 못할 때 오십니다. 우리는 성령 오심에 어떤 공식을 만들 수 없습니다. 그러나 조짐은 알 수 있습니다. 사람의 마음에 세상 자랑과 욕망이 사라지고 하나님과의 깊은 교제(交際)로 들어가기를 바라는 치열한 갈망이 기도로 변할 때입니다.

그렇지만 우리의 기도가 성령을 오시게 하는 것은 아닙니다. 하나님께서는 당신이 원하실 때, 원하는 자에게 성령을 주십니다. 그것은 하나님의 주권에 속한 일입니다. 바람이 임의로 불매 그 소리는 들어도 어디서 와서 어디로 가는지 알지 못하나, 하나님께서는 당신이 원하시는 사람의 마음에 성령의 충만함을 주십니다(요 3:8).

오순절에 성령은 불의 혀와 같은 형상으로 각 사람에게 임하셨습니다. 성경에서 불은 하나님의 임재를 상징합니다(출 3:3-4). 그런데 이 불은 여럿이 아니라 하나의 불이었습니다.

하나의 불이 모든 지체 위에 임하였다는 것은, 한 성령으로 말미암아 교회가 단번에 세례(洗禮)를 받을 것과 각 지체가 다양하다는 것을 의미합니다(고전 10:1-4). 다시 말하면 서로 다른 사람들이 성령의 내주하심 안에서 하나로 연합된다는 것입니다. 곧 연합의 통일성과 개별성입니다.

교회를 세우심

오순절 성령이 임하신 사건은 오늘날 우리가 경험하는 성령 충만과는 구속사에서 차지하는 위치가 다릅니다. 오순절에 성령이 오심으로써 이 세상에 공식적으로 교회가 세워졌습니다.

물론 구약 시대에도 교회는 있었습니다. 하나님께서는 출애굽한 이스라엘 백성을 시내산에 세우셨습니다. 그리고 친히 그곳에 임하시고 율법을 수여하셨습니다(출 19:16-19). 공교롭게도 그때도 첫 유월절이 지나고 50일째 되는 날이었습니다. 예수 그리스도와 제자들의 모임도 교회라 할 수 있습니다. 그러나 오순절 성령이 오심으로써 그리스도와의 견고한 연합을 이룬 교회가 공식적으로 출범하였습니다.

예수 그리스도께서 십자가에 못 박히시고 부활 승천하신 후에 성령이 오셨습니다. 신자 안에 오신 성령은 그 신자를 교회의 머리이신 그리스도께 접붙이십니다. 이처럼 그리스도와 신자와의 연합은 성령을 통해 이루어집니다. 이 연합을 기초로 보이는 교회가 이루어집니다.

이 일은 공동체적으로 일어납니다. 다시 말하면 이미 예수 그리스도께 접붙여진 공동체 속으로 내가 들어가는 것입니다. 그렇게 신자는 다른 지체들과 영적으로 한몸을 이룹니다. 이것이 보이지 않는 교회입니다.

강림하신 성령은 교회를 참으로 교회되게 하십니다. 교회 안에 풍성한 성령의 은혜(恩惠)가 있을 때 신자는 하나님을 사랑합니다. 교회의 지체들뿐 아니라 세상 사람들도 사랑합니다. 그로 인해 교회는 하나님께서 맡겨 주신 사명을 충실히 감당할 수 있는 참된 교회가 됩니다.

성령은 영원히 교회를 떠나지 않으십니다(요 14:16). 구약의 시대에 성령은 기름 부어 세워진 자에게 임했습니다. 그것은 대부분 하나님의 사역을 위해서였습니다. 어떤 사람에게 특정한 사역을 수행할 수 있도록 성령을 통해 능력과 은사를 주신 것입니다. 그리고 일이 끝나면 성령은 그에게서 떠나가셨습니다.

그러나 신약의 시대에는 그렇지 않습니다. 이것은 영원히 우리와 함께 하겠노라는 예수 그리스도의 약속을 따른 것입니다.

"내가 너희에게 분부한 모든 것을 가르쳐 지키게 하라 볼지어다 내가 세상 끝날까지 너희와 항상 함께 있으리라 하시니라"(마 28:20).

신자에게서 성령이 떠나지 않는 것처럼 교회에도 영원히 계십니다. 이는 우리가 얼마나 풍성한 은혜 가운데 있는지를 보여줍니다.

"내가 너희에게 말하노니 여자가 낳은 자 중에 요한보다 큰 자가 없도다 그러나 하나님의 나라에서는 극히 작은 자라도 그보다 크니라 하시니"(눅 7:28).

세례 요한이 구약의 마지막 선지자임을 생각하면, 신약의 성도들이 받은 성령의 경험은 정도에 있어서 구약 시대를 능가합니다. 우리는 이 충만한 은혜 가운데 있습니다. 그러니까 성령이 오신 사건은 하나님께서 세상을 창조하신 것 이후로 가장 중요한 일이라 할 수 있습니다. 어떤 의미에서 보면 그리스도 예수께서 십자가에 못 박혀 죽으시고 부활하신 것도 결국은 성령 강림 사건을 도입하기 위한 것이었다고 볼 수 있습니다.

그리스도의 증인됨

오순절 성령 강림은 사람들이 단순히 하늘 능력을 받은 사건이 아닙니다. 이 사건은 예수 그리스도를 뒤이어 제2의 보혜사(保惠師)가 오신 일입니다(요 14:16). 그리하여 그리스도께서 세상에 있었더라면 하셨을 일을 교회로 하여금 성령 안에서 행하게 하기 위한 토대를 놓은 것입니다.

제자들은 그리스도께서 다시 살아나신 것을 보았음에도 불구하고 여전히 육적 이스라엘의 회복을 갈망하고 있었습니다. 그런데 오순절 성령 강림 사건으로 유대교의 편견이 산산이 부서지면서 하나님의 구원 계획을 깨닫게 되었습니다.

비로소 그들은 예수 그리스도의 십자가 죽음의 의미가 무엇이고, 그분이 살아나신 것이 어떤 의미가 있는지 알게 되었습니다. 다시 오신다고 하신 그리스도의 약속이 무엇을 의미하는지도 알게 되었습니다.

이 사실을 깨닫게 되자 그들은 복음에 불붙은 사람들이 되었습니다. 그리스도의 이름을 증거하지 않을 수 없는 사람들이 되었습니다.

성령의 은혜는 성도들의 마음을 움직입니다. 그리스도의 십자가의 의미에 눈뜨게 합니다. 그러면 십자가의 의미를 아는 자들은 그분의 이름을 전하지 않을 수 없게 됩니다. 이는 성령이 불의 혀처럼 임하셨다는 표현에서도 알 수 있습니다.

"마치 불의 혀처럼 갈라지는 것들이 그들에게 보여 각 사람 위에 하나씩 임하여 있더니"(행 2:3).

여기서 '혀'를 뜻하는 헬라어 글로사의 히브리어 동치어는 라숀입니다. 그런데 흥미롭게도 라숀에는 '언어'(言語)라는 뜻이 있습니다. 이는 결코 우연이 아닙니다. 성령이 신자 안에 내주하시면 인간의 언어들을 통해 그리스도의 복음이 전파(傳播)될 것을 보여줍니다. 언어를 통해 전파될 내용은 곧 십자가에서 이루어진 그리스도의 죽음과 부활의 신학적 의미였습니다.

하나님께서 하나님의 나라를 세우시는 방법은 말씀 전파를 통해서입니다. 성령이 임하시면 예수님을 믿는 사람들은 그분의 증인이 됩니다. 예루살렘에서도, 유대에서도, 사마리아에서도, 모든 땅에서 그들이 증인이 될 때 하나님의 나라는 옵니다. 그래서 성령이 불의 혀같이 강력하게 임하셨을 때 제일 먼저 일어난 일은 병이 낫거나 죽은 사람이 살아나는 것이 아니었습니다. 그것은 말하는 것이었습니다.

제자들은 각 지방의 언어로 말하기 시작하였습니다. 언어는 다양하였지만 그 언어들은 하나의 주제를 말하고 있었습니다. 바로 '하나님의 큰 일'이었습니다. 제자들은 하나님의 위대한 일을 각 지방에서 온 사람들이 알아들을 수 있는 언어로 말하였습니다. 성경은 이에 대해 다음과 같이 말합니다.

"그레데인과 아라비아인들이라 우리가 다 우리의 각 언어로 하나님의 큰일을 말함을 듣는도다 하고"(행 2:11).

하나님의 큰일이 무엇입니까? 그것은 타락한 세상을 위한 하나님의 구원 행동(救援行動)을 가리킵니다. 하나님께서는 세상을 선하고 아름답게 창조하셨습니다. 그러나 인간의 범죄로 모든 것이 망가졌습니다. 완전하고 아름답던 창조 세계도, 사랑으로 가득하던 인간과 인간의 관계도, 하나님을 사랑하던 인간의 내면 세계도 망가졌습니다. 세상의 고통은 바로 그러한 죄의 결과입니다.

예수 그리스도께서는 고통받는 세상을 구원하기 위해 오셨습니다. 십자가에서 죽고 다시 살아나심으로써 구원을 완성하셨습니다. 그럼으로써 이 세상을 다시 창조의 목적으로 돌아가게 하십니다. 이것이 하나님의 위대한 일입니다. 그러므로 하나님의 위대한 일의 중심에는 그리스도의 십자가와 부활이 있습니다(행 2:11).

기독교는 하나님의 큰일에 눈뜨는 종교(宗敎)입니다. 그 큰일을 알고 나서 세계와 인생을 바라보는 새로운 관점을 갖는 것입니다. 그 관점을 따라 살 수 있는 사랑을, 생명을, 능력을 소유하는 것입니다. 이 세계를 향한 하나님의 경륜과 구원의 계획, 더 나아가 세계의 완성에 이르는 것이 무엇인지를 아는 것입니다. 이 모든 일은 성령이 오심으로 우리에게 분명히 알려졌습니다.

예수 그리스도께서 부활하셨지만 제자들은 십자가의 의미를 분명히 알지 못했습니다. 그러다가 성령이 임하시면서 그들의 눈에 있던 비늘이 벗겨졌습니다. 예수 그리스도가 누구이신지, 십자가의 의미가 무엇인지가 찬란한 빛으로 드러났습니다.

제자들은 예수 그리스도께서 하나님이시라는 것과 그분이 십자가에서 못 박혀 죽으신 것이 자신들의 죄(罪) 때문이었다는 것, 그리고 그리스도께서 세상을 완성시키기 위해 이 땅에 오셨다는 것을 한순간에 깨달았습니다. 또한 그리스도께서 회복시키려고 하셨던 그 나라가 이 땅의 나라가 아니었다는 사실도 알게 되었습니다.

이 복된 소식을 깨달은 사람들은 그것을 전하지 않을 수 없게 됩니다. 그래서 어떤 사람이 성령의 은혜를 많이 받았다면 거기에는 반드시 표징이 있습니다. 그것은 예수 그리스도를 더 많이 알고, 사랑하는 것입니다. 또 예수 그리스도의 이름을 전하는 것입니다. 이것이 그에게 임한 성령의 은혜가 신뢰할 만한 것인지를 가늠하는 표지입니다.

그래서 전도(傳道)하지 않는 성령 충만은 거짓된 충만입니다. 여러분이 성령을 받았다면, 성령의 충만함을 느낀다면, 아직 구원받지 못한 영혼들을 불쌍히 여길 것입니다. 그리고 그들의 영혼을 구원하는 일보다 더 시급한 일은 없다고 생각할 것입니다. 어찌하든지 자신의 모든 것을 허비해서라도 복음을 전하는 일에 힘쓸 것입니다. 예수 그리스도를 전하지 않으면 견딜 수 없는 불이 마음에서 일어날 것입니다.

그 사람이 해외에 나가서 외치느냐, 국내에서 외치느냐는 별개의 문제입니다. 마이크를 들고 외치느냐, 한 사람에게 조곤조곤 설명해 주느냐는 각자의 재능(才能)과 소명(召命)에 따라 다를 수 있습니다. 모두 방법의 차이입니다. 그렇지만 예수 그리스도를 전하지 않으면 견딜 수 없는 열망이 그의 가슴 안에서 솟아나는 것은 동일한 일입니다.

성령을 받은 사도들과 제자들은 자신에게 있는 모든 것을 주님을 위해 사용하고 싶어했습니다. 그들은 하나님의 큰일을 알리는 데 자신의 모든 것을 쓰고 싶어했습니다. 그러나 어떤 사람들은 은혜를 많이 받지만 하나님을 섬기지 않습니다. 예수님의 이름을 전하지 않습니다. 그러면 그 은혜는 곧 사그라들 수밖에 없습니다.

신약 시대 교회가 누리는 행복(幸福)은 성령 안에서의 행복입니다. 성령을 아는 자는 예수 그리스도의 구속의 의미를 알고, 그들만이 하나님 아버지의 영광과 거룩하심을 압니다. 그들에게 그리스도는 하나님의 능력이요 하나님의 지혜이기 때문입니다(고전 1:23). 그래서 그들은 자신이 알게 된 것을 전하지 않을 수 없는 사람이 됩니다.

우리의 일평생 의무(義務)는 그리스도 예수의 죽으심과 부활을 사람들에게 전하는 것입니다. 교회가 성령으로 충만할 때 그 은혜가 성도들의 마음을 움직여 복음을 전파하게 한 것처럼 말입니다. 그 일을 위해 하나님께서는 성령을 교회에 한없이 부어 주십니다.

맺는말: 성령 안에서 살라

로마 시대의 죄수들은 십자가에 달리기 전에 두 가지 규례를 따라야 했습니다. 첫째로, 채찍으로 매를 맞는 것입니다. 그래서 예수 그리스도께서도 판결이 끝난 후 브라이도리온이라는 왕궁 수비대가 있는 곳으로 끌려가셨습니다(막 15:16). 그곳에서 옷이 벗겨지고 온몸에 채찍을 맞으셨습니다.

둘째로, 자기가 매달릴 십자가를 지고 형장까지 가는 것입니다. 예수 그리스도께서도 130-150kg은 족히 되었을 나무를 지고 골고다 언덕을 오르셨습니다. 이 상황에 빗대어 예수님께서는 이렇게 말씀하십니다.

"……누구든지 나를 따라오려거든 자기를 부인하고 자기 십자가를 지고 나를 따를 것이니라"(막 8:34).

우리에게 주님을 위한 십자가가 있습니까? 주님을 위한 헌신(獻身)이 있습니까? 주님을 섬기는 삶이 있습니까? 진정으로 그리스도 예수의 십자가 사건을 알고, 그분의 구원의 은혜를 아는 사람들은 무위도식하지 않습니다. 성령이 그렇게 살도록 내버려 두지 않으시기 때문입니다.

교회는 성령으로 충만하여야 합니다. 성령의 마음을 품은 교회가 되어야 합니다. 그때 교회는 복음을 전하고 영적으로 죽은 자를 살려 내는 데 모든 힘을 쓰게 됩니다. 이것이 오늘날 우리가 하나님 앞에 힘써야 할 일이고, 하나님께서 우리에게 성령의 은혜를 주시는 이유입니다.

"사람이 마땅히 우리를 그리스도의 일꾼이요 하나님의 비밀을 맡은 자로 여길지어다 그리고 맡은 자들에게 구할 것은 충성이니라"(고전 4:1-2).

성령과 교회, 세상의 회복은 어떤 관계가 있는가?

한눈에 보는 제7장 성령강림주일 설교

성령 강림과 하나님의 구원 계획

"……우리가 다 우리의 각 언어로 하나님의 큰일을 말함을 듣는도다 하고 다 놀라며 당황하여 서로 이르되 이 어찌된 일이냐 하며 또 어떤 이들은 조롱하여 이르되 그들이 새 술에 취하였다 하더라 베드로가 열한 사도와 함께 서서 소리를 높여 이르되 유대인들과 예루살렘에 사는 모든 사람들아 이 일을 너희로 알게 할 것이니 내 말에 귀를 기울이라……"(행 2:11-21).

- 예수 그리스도께서 승천하실 때 제자들은 이스라엘을 회복할 때가 언제인지를 묻는다.
- 그리스도께서는 때와 시기는 너희의 알 바 아니라고 하신다.
- 그리고 그들이 관심을 가져야 할 것이 무엇인지 말씀하신다.
  "오직 성령이 너희에게 임하시면 너희가 권능을 받고 예루살렘과 온 유대와 사마리아와 땅 끝까지 이르러 내 증인이 되리라 하시니라"(행 1:8).

I. 오순절 성령이 오심

- 제자들은 육적 이스라엘이 회복될 때를 기다렸다.
- 예수 그리스도께서는 영적 이스라엘이 회복될 것을 말씀하신다.
- 그 나라는 성령이 오심으로 이루어지는 나라다.
- 오순절 성령은 아무도 예상하지 못했던 때에 하나님의 주권 아래에서 오셨다.
- 또한 불의 혀와 같은 형상으로 각 사람 위에 임했다.
- 이는 한 성령으로 말미암아 교회가 단번에 세례를 받을 것을 보여준다.

II. 교회를 세우심

- 오순절에 성령이 오심으로 이 땅에 교회가 공식적으로 세워졌다.
- 성령이 오심으로 그리스도와의 견고한 연합을 이룬 교회가 공식적으로 출범한 것이다.
- 성령은 교회를 참교회가 되게 하신다.
- 성령은 교회를 영원히 떠나시지 않는다. 영원히 우리를 떠나지 않겠다고 약속하셨기 때문이다.

III. 그리스도의 증인됨
- 성령이 오시자 제자들은 그리스도의 십자가와 부활이 무엇을 의미하는지 깨달았다.
- 그러고 나서 그것을 전하지 않을 수 없었다. 그리스도의 증인된 삶을 살게 된 것이다.
- 그래서 성령을 받고 그들이 제일 먼저 한 일은 말하는 것이었다.
  "……우리가 다 우리의 각 언어로 하나님의 큰일을 말함을 듣는도다……"(행 2:11).
- 하나님의 큰일은 타락한 세상을 구원하는 하나님의 구원 계획을 말한다.
- 구원 계획 중심에는 그리스도의 십자가와 부활이 있다.
- 제자들은 그리스도의 십자가와 부활을 전하지 않을 수 없는 사람들이 되었다.
- 기독교는 하나님의 큰일에 눈뜨는 종교다.
- 곧 이 세상을 향한 하나님의 구원, 이 세상의 완성에 이르는 것이 무엇인지를 아는 것이다.
- 이 일을 아는 사람들은 그것을 전하지 않을 수 없게 된다.
- 그래서 성령의 은혜를 많이 받은 사람의 표징은 예수님의 이름을 전하는 것으로 나타난다.

IV. 맺는말: 성령 안에서 살라
- 성령의 은혜를 누린 사람은 예수님이 이 땅에 계셨더라면 하셨을 그 일을 하게 된다.
- 그래서 예수 그리스도의 십자가를 참으로 아는 사람은 무위도식할 수 없다.
- 복음을 전하고, 죽은 영혼을 살리는 데 힘쓴다.
- 성령 충만함으로 예수 그리스도를 섬기는 성도들이 되길 바란다.

제8장
추수감사주일 설교

영원한 감사의 제목은 무엇인가?
가장 큰 감사의 이유

우리로 하여금 빛 가운데서 성도의 기업의 부분을 얻기에 합당하게 하신 아버지께 감사하게 하시기를 원하노라 골 1:12

골로새 교회는 에바브라의 돌봄을 받고 있었습니다(골 1:7). 바울이 로마의 감옥에 갇혀 있을 때 에바브라가 방문하여 골로새 교회의 소식을 전했습니다. 그런데 그 소식은 좋기만 한 것이 아니었으니, 골로새 교회가 이단(異端)의 가르침 때문에 고통받는 중이었기 때문입니다.

골로새 교회를 괴롭혔던 이단적인 가르침이 무엇이었는가에 대해 많은 학자들의 연구가 있었습니다. 어떤 사람들은 영지주의(靈智主義)라고 하였고, 어떤 이들은 유대교의 신비주의라고도 하였습니다. 또 어떤 학자들은 유대인들이 조직적으로 골로새 교회를 박해하였기 때문이라고 생각하기도 하였습니다.

그것이 무엇이었든 간에 골로새 교회는 양 떼들을 미혹하는 거짓된 가르침 때문에 고통받고 있었습니다.

이 소식을 들은 바울은 골로새 교회에 편지를 보내면서 먼저 그 교회를 위해 기도합니다(골 1:9-12). 그런데 그 기도는 뜻밖에도 감사(感謝)의

기도였습니다. 이 감사의 제목은 골로새 교회를 향한 것일 뿐 아니라 오늘날 우리에게도 동일한 것입니다.

"우리로 하여금 빛 가운데서 성도의 기업의 부분을 얻기에 합당하게 하신 아버지께 감사하게 하시기를 원하노라"(골 1:12).

영원한 감사의 제목

감사는 자신이 처한 형편과 처지에 매이지 않습니다. 자신의 형편과 처지가 좋을 때만 감사할 수 있는 것이 아닙니다. 오히려 자신의 상황이 어떠하든지 간에 자신과 관계를 맺고 계시는 하나님 때문에 즐거워할 수 있습니다. 이것이 믿음의 역할입니다.

하나님께 드리는 감사는 그분과 관계를 맺은 자녀들의 행복과 만족의 표현입니다. 감사는 그 사람의 마음을 변화(變化)시키고 하나님께 집중(集中)하게 합니다. 잃어버린 신앙의 기쁨을 회복시키며, 시련을 이기며 살아갈 의미와 능력을 부여합니다. 그래서 사도 바울은 다음의 은혜에 대해 하나님께 감사하라고 말합니다.

빛 가운데 살게 하심

첫째로, 빛 가운데서 살게 하신 은혜입니다. 여기에서의 '빛'은 두 가지로 설명될 수 있습니다.

첫째로는, 신학적인 빛입니다. 이는 '진리를 아는 지식의 빛'을 가리킵니다. 이러한 사실을 입증하듯 바울은 골로새서 2장에서부터는 거짓된 가르침이 골로새 교회를 위협하는 것과 이에 대한 경고를 꽤 길게 적고 있습니다. 골로새 교회는 다음의 것들로부터 위협받고 있었습니다. 먼저, 철학과 헛된 속임수였습니다.

"누가 철학과 헛된 속임수로 너희를 사로잡을까 주의하라 이것은 사람의 전통과 세상의 초등학문을 따름이요 그리스도를 따름이 아니니라"

(골 2:8).

어떤 학자들은 '철학과 헛된 속임수'를 유대교의 초보적인 가르침으로 그리스도의 속죄를 대신하려는 시도라고 해석합니다. 또한 이교도들을 통한 철학의 사상이 이성에 호소하는 형태로 침투한 것이라고도 봅니다. 어떤 경우든지 이것은 골로새 지역에서 상당한 지지를 얻으며 성도들의 신앙을 위협하고 있었습니다. 그것은 참된 신앙을 벗어나게 하는 거짓된 가르침이었습니다. 이는 하나님께서 성경(聖經)을 통해 주신 구약의 가르침도 아니었고, 예수 그리스도의 교훈도 아니었습니다. 그것은 순전히 인간의 상상과 사탄의 속임수에서 나온 것이었습니다.

"그러므로 먹고 마시는 것과 절기나 초하루나 안식일을 이유로 누구든지 너희를 비판하지 못하게 하라……아무도 꾸며 낸 겸손과 천사 숭배를 이유로 너희를 정죄하지 못하게 하라……"(골 2:16-18).

율법을 잘못 적용한 가르침 속에서 그리스도께서 이미 성취하신 절기와 음식에 관한 율법을 다시 강조하는 일이 나타났습니다. 심지어 천사 숭배 사상까지 유행하였는데, 이는 그리스도만이 유일한 중보자라는 복음적 사실에 대한 정면 도전이었습니다. 또한 그것은 이교적 금욕주의에 대한 강조였습니다. 이는 아마 율법이나 이교도 철학에 호소한 인본주의적 가르침을 말하는 것 같습니다.

"너희가 세상의 초등학문에서 그리스도와 함께 죽었거든 어찌하여 세상에 사는 것과 같이 규례에 순종하느냐……이런 것들은 자의적 숭배와 겸손과 몸을 괴롭게 하는 데는 지혜 있는 모양이나 오직 육체 따르는 것을 금하는 데는 조금도 유익이 없느니라"(골 2:20-23).

골로새 교회는 여러모로 심각한 상황이었습니다. 복음에 배치되는 위험한 사상들이 교회를 공격하고 있었습니다. 그럼에도 불구하고 교회는 굳건히 서 있었습니다. 하나님께서 그들을 보호하여 진리의 빛 가운데 살게 하셨기 때문입니다. 이것이 골로새 교회에 베푸신 은혜였고, 또 우리의 교회에 베푸신 은혜입니다.

우리는 우리도 알지 못하는 사이에 매스컴을 통해, 세상 문화를 통해 진리가 아닌 것들에 노출됩니다. 헛된 철학과 물질 숭배, 이교적 가르침과 자아 숭배 사상에 자신도 모르는 사이에 흔들립니다. 하나님의 진리의 빛이 함께하지 않았다면 우리의 믿음은 세상 물결에 진작 떠밀려 사라졌을 것입니다. 이 작은 믿음이나마 붙들고 있는 것은 하나님께서 우리를 진리의 빛 아래에 보호하셨기 때문입니다.

이 빛은 그리스도이십니다(요 1:4, 7, 3:19, 21). 왜냐하면 우리의 구원을 위한 모든 진리가 예수 그리스도를 통해 계시되었기 때문입니다. 그리스도야말로 어둔 세상을 비추는 '그 빛'입니다(요 1:7-9)

"예수께서 또 말씀하여 이르시되 나는 세상의 빛이니 나를 따르는 자는 어둠에 다니지 아니하고 생명의 빛을 얻으리라"(요 8:12).

둘째로는, 윤리적인 빛입니다. 하나님께서는 지식의 빛을 주셨을 뿐만 아니라 그에 부합하는 윤리적인 삶을 살 수 있도록 하셨습니다.

"이같이 너희 빛이 사람 앞에 비치게 하여 그들로 너희 착한 행실을 보고 하늘에 계신 너희 아버지께 영광을 돌리게 하라"(마 5:16).

단지 진리의 빛을 알고 있는 것만으로 세상의 빛이 되는 것은 아닙니다(마 5:13). 지식과 윤리가 씨줄과 날줄처럼 짜여 기독교 사상을 형성할 때 우리는 세상의 빛이 될 수 있습니다. 이 세상에 울림을 주는 존재가 될 수 있습니다.

죄를 지을 때는 하나님의 도움이 필요 없습니다. 우리의 힘으로 죄를 짓습니다. 그러나 선은 우리의 힘으로 행할 수 없으니, 하나님께서 은혜로써 도와주셔야 가능합니다.

하나님께서는 우리에게 은혜를 베푸셔서 선한 삶을 살도록 도와주십니다. 신자의 마음 안에서 은혜의 경험이 반복될 때 그것은 하나님을 향한 순간의 정서가 아니라 사랑의 성향이 됩니다. 그 사랑의 성향으로 신자는 이 세상의 빛으로서의 의무에 헌신하며 살게 합니다.

올해에도 하나님께서 은혜를 주셨기에 우리는 하나님의 자녀답게 살 수 있었습니다. 은혜 안에 있을 때에만 붙들어 주신 것이 아니라 우리가 뒤로 물러나 있을 때에도 매 순간 은혜를 주셔서 넘어지지 않게 하셨습니다. 그래서 우리의 삶이 조금이나마 단정하게 하셨습니다. 하나님의 이 은혜에 감사하는 성도들이 되길 바랍니다.

기업을 얻게 하심

둘째로, 하나님의 기업의 상속자로 삼으신 은혜입니다. 사도 바울은 골로새 교회를 생각할 때마다 그들을 성도로 불러 주셔서 신령한 기업을 얻게 하신 하나님을 찬송하였습니다.

"……성도의 기업의 부분을 얻기에 합당하게 하신 아버지께 감사하게 하시기를 원하노라"(골 1:12).

'기업'을 뜻하는 헬라어 **클레로스**는 구약의 용어입니다. 옛 언약의 용어를 새 언약에 적용한 것입니다. 구약에서 기업은 원래 이스라엘이 정복하게 될 가나안 땅을 염두에 둔 표현입니다.

이스라엘 백성들은 가나안을 정복하기에 앞서 제비를 뽑아 땅을 분배했습니다(민 33:54). 지파별로 나눈 땅을 씨족별로, 그리고 가족별로 나누었습니다. 모든 이스라엘 백성이 제비 뽑은 땅을 자기 몫으로 받았습니다. 그것이 기업입니다.

각 지파에게 땅이 할당되었으나, 그것은 땅에 대한 소유권이 아니라 사용할 권한이었습니다. 왜냐하면 땅의 주인은 하나님이셨기 때문입니다. 그러기에 이스라엘에서 땅을 사고파는 행위는 엄격히 금지되었습니다(신 19:14). 이처럼 기업은 본래 하나님의 것인데 하나님께서 떼어 사용하고 누리도록 유산으로 주신 것을 말합니다.

하나님께서는 우리로 하여금 기업을 누리게 하셨습니다. 성경은 성도들이 받아 누리는 이 기업을 크게 세 가지로 말합니다.

첫째로는, 하나님과의 약속(約束)입니다. 우리는 하나님의 자녀가 됨으로써 하나님께서 자신의 자녀에게 약속하신 것을 받아 누리게 되었습니다. 우리도 그 약속의 혜택자가 되었습니다.

"너희가 그리스도의 것이면 곧 아브라함의 자손이요 약속대로 유업을 이을 자니라"(갈 3:29).

이전에 우리는 하나님의 약속과는 상관없는 이방인이었습니다(엡 2:12). 하나님 밖에 있던 사람들이었습니다. 그러나 이제 구원을 받고 하나님의 자녀가 되었습니다(엡 2:19). 그래서 하나님께서 약속하신 모든 것이 나를 위한 것이 되었습니다. 결핍 가운데 살아가더라도 풍요하게 하실 약속을 믿고 살아갈 수 있게 되었습니다. 많은 고난 가운데서도 우리를 지키시겠노라는 하나님의 약속을 바라볼 수 있게 되었습니다.

둘째로는, 하나님의 의(義)입니다. 하나님의 자녀가 된 사람은 그리스도를 통해서 하나님의 의를 덧입었습니다(시 119:40, 롬 3:22). 그래서 하나님 앞에 의로운 자가 되었습니다(롬 3:24).

이 의는 절대적인 의로움이 아니라 법정적인 의입니다. 죄를 용서해 주심으로써 얻게 된 의입니다. 하나님께서는 당신을 믿는 자들에게 그리스도의 의를 덧입혀 주심으로 우리를 의롭다고 선언하셨습니다. 이것이 칭의(稱義)입니다. 스가랴서는 칭의에 대해 그림으로 그린 듯 묘사합니다.

"여호와께서 자기 앞에 선 자들에게 명령하사 그 더러운 옷을 벗기라 하시고 또 여호수아에게 이르시되 내가 네 죄악을 제거하여 버렸으니 네게 아름다운 옷을 입히리라 하시기로"(슥 3:4).

실제로는 우리가 의롭지 않은데 하나님께서 더러운 옷을 벗기시듯이 우리의 불의를 제거하시고 그리스도의 의를 새 옷처럼 입혀 우리를 의롭다고 인정해 주셨습니다. 그리하여 공로 없는 우리에게 하나님의 언약을 따라 정당하게 기업을 누릴 수 있는 권리를 주셨습니다.

셋째로는, 이미 이루신 구원(救援)에 참여하는 것입니다. 충만한 하나님의 구원은 '생명의 은혜'로 나타납니다(벧전 3:7). 성도들은 생명의 은혜를 마음껏 누리고 살아갑니다.

세상 사람들을 보십시오. 생명의 은혜 없이 살아갑니다. 하나님의 의를 덧입지 못했기 때문에 여전히 죄와 불순종 가운데 죽어 갑니다. 하나님의 구원을 누리지 못하기 때문에 세상에 있는 자원으로 살아갑니다.

그러나 그것들로는 참으로 인간다운 삶을 영위할 수 없습니다.

이 땅의 자원은 우리의 육체를 보양하는 데는 도움이 되지만 영혼을 힘 있게 하지는 못합니다. 그래서 많은 것들을 누려도 세상 사람들의 영혼은 곤고함을 느낍니다. 그러나 하나님께서는 우리로 하여금 생명의 은혜를 누리며 살게 하셨습니다.

하나님의 이 은혜가 어떻게 우리의 것이 되었습니까? 그리스도 예수 안에서 우리를 구원하여 친히 당신의 자녀 삼으셨기 때문입니다. 결코 우리의 자격이나 공로 때문이 아니었습니다. 그런데도 우리가 하나님께서 주신 구원이라는 유업, 그리스도의 지체됨 때문에 감사한 적은 얼마나 적습니까?

우리는 매일 세상에 몰두한 채로 살아가느라 하늘을 바라볼 여유조차 없었습니다. 자신이 당하는 시련에 집중하느라 그리스도께서 우리를 위해 행하신 일들을 잊고 살았습니다. 십자가는 언제나 작게 보였고, 우리의 문제는 크게 보였습니다.

그렇게 살아온 많은 날들은 인생의 목적이 뚜렷하지 않았기에 의미를 갖지 못하였고, 그로 인해 우리는 하나님의 나라와 의를 구하기보다는 먹고 입고 마시는 데 집중하며 살았습니다.

인생은 바람처럼 지나갑니다(시 90:10). 이 인생길에서 여러분의 소망은 무엇입니까? 눈을 열어 하나님께서 우리에게 베풀어 주신 그 기업의 풍성함을 바라보십시오. 이 은혜가 얼마나 큰지 생각해 보십시오.

옥에 갇힌 바울은 사랑하는 성도들이 하늘의 영광스러운 기업의 풍성함을 알기를 간절히 바랐습니다. 성도는 세상 사람들과는 다른 기쁨의 이유를 지닌 사람들입니다. 잠깐 지나가는 세상에서 자신의 보람을 찾지 않습니다. 하늘의 가치를 이 땅에서 구현하며 사는 데서 행복을 누립니다.

"우리 주 예수 그리스도의 하나님, 영광의 아버지께서 지혜와 계시의 영을 너희에게 주사 하나님을 알게 하시고 너희 마음의 눈을 밝히사 그의 부르심의 소망이 무엇이며 성도 안에서 그 기업의 영광의 풍성함이 무엇이며 그의 힘의 위력으로 역사하심을 따라 믿는 우리에게 베푸신 능력의 지극히 크심이 어떠한 것을 너희로 알게 하시기를 구하노라"(엡 1:17-19).

하나님께 감사하라

실제로 좋은 일이 많이 일어난다고 감사(感謝)하는 것은 아닙니다. 감사는 하나님을 향한 우리 마음의 태도입니다. 삶의 상황보다는 하나님을 향한 마음의 태도가 어떠하냐에 따라 감사하게 되는 것입니다.

감사는 사랑과 유사해서 해석의 방향을 바꿉니다. 사랑은 악한 것을 생각하지 않습니다(고전 13:5). 이는 누군가를 사랑하게 되면 사랑하는 그 대상에 대해 나쁜 방향으로 해석하지 않음을 말합니다. 사랑하는 이를 항상 좋게 생각하려고 합니다. 그렇지만 사랑이 남아 있지 않다면 자기가 원하는 대로 나쁘게 해석해 버립니다. 어차피 그 사람과 관계가 끊어져도 상관없기 때문입니다.

하나님을 사랑하는 사람은 나빠 보이는 일도 나쁜 방향으로 해석하지 않습니다. 고난이 닥쳐와도 하나님께서 나를 버리셨다거나 그분을 나쁜 분이라고 생각하지 않습니다. 오히려 '하나님께서 나에게 예기치 못한 은혜를 주시려나 보다.'라고 생각합니다.

우리의 감사도 이와 같습니다. 상황과 환경에 달린 것이 아니라 신앙에 달려 있습니다. 그래서 분에 넘치는 복을 누리면서도 감사하지 못하는가 하면, 기뻐할 것이 없는 것 같은데도 감사하는 사람이 있습니다.

사랑이 하나님의 은혜를 받아야 가능한 것처럼, 감사하기 위해서도 은혜를 받아야 합니다. 그런데도 하나님께서는 "감사하라."라고 명령하십니다(시 107:1, 살전 5:18). 마치 우리의 힘으로 감사할 수 있을 것처럼 말입니다. 이것은 결국 하나님께 감사하려는 마음을 가진 사람에게 실제로 감사할 수 있는 은혜를 주신다는 사실을 보여줍니다.

그래서 마음을 지키는 일이 필요합니다(잠 4:23). 어렵고 힘든 일 가운데 기도하는 것도 중요하지만, 생각을 바꾸고 바른 생각을 지키는 것이 중요합니다. 내가 받은 은혜가 얼마나 큰지, 하나님이 얼마나 선한 분이신지를 기억할 수 있어야 합니다. 이것이 신앙입니다.

끊임없이 불순종하는 죄인들을 향한 하나님의 사랑이 얼마나 큽니까?

우리가 살아온 날들 중 하나님의 은혜가 없던 날은 없었습니다. 다만 욕망에 눈이 어두워졌기 때문에 우리 마음의 수금과 비파는 소리를 잃었고, 삶은 팍팍하게 되었습니다. 그렇지만 예수 그리스도께서는 이렇게 말씀하십니다.

"공중의 새를 보라 심지도 않고 거두지도 않고 창고에 모아들이지도 아니하되 너희 하늘 아버지께서 기르시나니 너희는 이것들보다 귀하지 아니하냐"(마 6:26).

우리를 사랑하신 하나님을 기억하십시오. 만약 우리에게 일어났던 가슴 아픈 일들, 고통스러운 일로 인해 낙심하고 있다면 하나님의 선하심을 의심하게 될 것입니다. 그러나 하나님의 신실하심을 생각하면 고난은 하나님의 사랑을 맛보는 기회가 됩니다. 하나님의 은혜가 얼마나 놀라운지를 경험케 하는 기회가 될 것입니다.

그러므로 이미 겪은 고난과 시련만을 보지 말고 지금도 역사하고 있는 하나님의 사랑을 가슴에 새기십시오. 하나님께서는 우리가 은혜인 줄 알지 못했을 때도 은혜를 베풀어 주셨습니다.

우리는 언제나 좋아 보이는 것들을 통해서 좋은 것들이 오기를 기대하지만 현실은 그렇지 않습니다. 하나님께서는 나빠 보이는 것들을 통해서도 좋은 것들을 주심을 기억하길 바랍니다.

맺는말: 은혜의 빚진 자로 살라

지난 한 해, 기쁘고 행복한 일만 있었던 것은 아닙니다. 견디기 힘든 일도 있었습니다. 아침을 맞이하기 싫은 절망스러운 마음으로 잠자리에 들 때도 있었습니다. 그러나 하나님께서는 그때마다 우리에게 필요한 것들을 공급해 주셨습니다.

우리의 인생길에서 미끄러질 때도, 넘어질 때도 있었지만 아주 엎드러지지 않은 것은 하나님께서 우리를 버리지 않으셨기 때문입니다. 그래서 미약한 믿음이나마 붙들고 살 수 있었습니다.

한 해를 돌아보십시오. 자격 없는 죄인에게 베풀어 주신 하나님의 사랑이 없던 날은 없었습니다. 그 은혜 때문에 전날의 한숨이 변하여 기도가 되었고, 그 두려움이 변하여 우리의 노래가 되었습니다. 슬픔으로 가득 찼던 삶은 마음을 쏟아 놓으며 하나님의 얼굴을 구하는 계기가 되었습니다. 결핍 때문에 우리를 부요케 하시는 하나님의 은혜를 경험하게 되었고, 환난 때문에 능력 주시는 예수 그리스도를 경험하는 기회가 되었습니다.

그러므로 감사하는 삶을 사십시오. 감사는 마음속의 탐욕도 내려놓게 합니다(골 3:5). 하나님만으로 만족하기에 세상적인 것들이 더는 우리 마음을 붙잡지 못하게 하기 때문입니다. 감사 가운데 하나님의 은혜에 만족하는 성도들이 되길 바랍니다.

영원한 감사의 제목은 무엇인가?

한눈에 보는 제8장 추수감사주일 설교

가장 큰 감사의 이유

"우리로 하여금 빛 가운데서 성도의 기업의 부분을 얻기에 합당하게 하신 아버지께 감사하게 하시기를 원하노라"(골 1:12).

- 바울은 이단적인 가르침 때문에 고통받고 있는 골로새 교회에 편지를 보낸다.
- 이 편지에서 교회를 위한 기도를 올린다. 그런데 뜻밖에도 그것은 감사의 기도였다.

I. 영원한 감사의 제목
- 감사는 자신의 처한 형편과 처지에 매이지 않는다.
- 오히려 나와 관계를 맺고 있는 하나님으로 인한 즐거움이 감사하게 한다.
- 사도 바울은 다음의 것들에 감사하라고 한다.

1. 빛 가운데 살게 하심
- 첫째로, 빛 가운데 살게 하신 은혜이다. 여기서 빛은 두 가지 의미다.
- 첫째로는, 신학적인 빛, 곧 진리를 아는 빛을 말한다.
- 골로새 교회는 잘못된 사상에 위협받고 있었다. 그럼에도 교회는 굳건히 서 있었다.
- 이는 하나님께서 그 교회를 보호하여 진리의 빛 가운데 살게 하셨기 때문이다.
- 둘째로는, 윤리적인 빛이다.
- 하나님께서는 진리에 부합하는 삶을 살도록 은혜를 베푸셨다.
- 죄를 지을 때는 하나님의 도움이 필요 없지만 선하게 살기 위해서는 은혜가 필요하다.

2. 기업을 얻게 하심
- 둘째로, 기업의 상속자가 되게 하신 은혜이다.
- 성도들이 하나님께로부터 받아 누리는 기업은 크게 세 가지다.
- 첫째로는, 하나님과의 약속이다.
- 우리는 하나님의 자녀가 됨으로써 하나님께서 약속하신 바를 받아 누리게 되었다.
- 둘째로는, 하나님의 의이다.
- 하나님께서 의롭다 선언하셨기에 우리에게 하나님의 언약을 누릴 권리가 주어졌다.
- 셋째로는, 생명의 은혜에 참여하는 것이다.
- 하나님께서는 우리를 자녀 삼으셨을 뿐 아니라 하늘 생명의 은혜를 누리며 살게 하셨다.

II. 하나님께 감사하라
- 감사는 하나님을 향한 우리 마음의 태도다.
- 그래서 감사는 상황과 환경이 어떠하느냐가 아니라 우리의 신앙 상태에 달려 있다.
- 사랑하기 위해 은혜를 받아야 하는 것처럼, 감사하기 위해서도 은혜를 받아야 한다.
- 그런데도 성경은 마치 우리 힘으로 감사할 수 있을 것처럼 감사하라고 명령한다.
- 감사하려고 마음먹은 사람만이 감사할 수 있기 때문이다.
- 그래서 마음을 지키는 일이 중요하다. 생각을 바르게 지키고, 받은 은혜를 기억하는 것이 중요하다.
- 항상 하나님을 사랑하려 힘쓰라. 하나님을 사랑해야 하나님께 감사할 수 있다.

III. 맺는말: 은혜의 빚진 자로 살라
- 견디기 힘든 일도 있었을 것이다. 절망스러운 때도 있었을 것이다.
- 그때마다 하나님께서는 우리에게 필요한 것들을 공급해 주셨다.
- 그러므로 감사하라. 그때 하나님만으로 만족하게 될 것이다.

제9장
성탄 예배 설교

임마누엘로 오신 예수님을 만나고 있는가?
성탄의 영광과 기쁨

보라 처녀가 잉태하여 아들을 낳을 것이요 그의 이름은 임마누엘이라 하리라 하셨으니 이를 번역한즉 하나님이 우리와 함께 계시다 함이라 마 1:23

마리아가 요셉과 정혼(定婚)한 후, 예수님께서는 성령으로 잉태되셨습니다(마 1:18). 이스라엘 사람들에게 정혼은 우리가 생각하는 약혼의 개념이 아닙니다. 실제 결혼과 동등한 효력이 발생하는 일입니다.

요셉은 마리아가 임신하였다는 소식을 듣게 되었습니다. 아직 남편과 한집에 살지 않은 처녀가 임신하였으니 요셉의 마음은 무너지는 것 같았을 것입니다. 그런데 요셉은 자비로운 사람이었습니다. 그는 이 일로 인하여 마리아가 어려움을 당하는 것을 원하지 않았습니다. 그래서 가만히 마리아와 관계를 끊으려 하였습니다(마 1:19). 그때 천사가 나타나 요셉에게 말합니다.

"······다윗의 자손 요셉아 네 아내 마리아 데려오기를 무서워하지 말라 그에게 잉태된 자는 성령으로 된 것이라 아들을 낳으리니 이름을 예수라 하라 이는 그가 자기 백성을 그들의 죄에서 구원할 자이심이라 하니라 이 모든 일이 된 것은 주께서 선지자로 하신 말씀을 이루려 하심이니 이르시되 보라 처녀가 잉태하여 아들을 낳을 것이요 그의 이름은 임마누엘이라 하리라 하셨으니 이를 번역한즉 하나님이 우리와 함께 계시다 함이라"(마 1:20-23).

성탄의 의미

천사는 요셉에게 예수 그리스도의 탄생의 의미를 가르쳐 주었습니다. 물론 요셉은 하나님의 계획을 모두 이해할 수 없었을 것입니다. 그러나 이 경험을 통해 요셉은 예수 그리스도의 탄생의 의미를 조금이나마 알게 되었습니다.

그렇다면 그리스도의 탄생의 의미는 무엇일까요? 그것은 두 가지로 설명할 수 있습니다. 바로 영광과 기쁨입니다.

영광의 소식

첫째로, 예수 그리스도의 탄생의 의미는 '영광'(榮光)입니다. 영광은 하나님의 임재의 효과입니다. 인간은 하나님과 함께할 때 영광스러운 존재가 됩니다.

하나님은 영이시니(요 4:24), 그분이 인간과 함께하는 방식도 영적입니다. 이를 위해 하나님께서는 인간에게 영혼을 주셨습니다(창 2:7). 인간은 영혼으로 하나님과 교제하고, 그분으로부터 하늘 자원을 공급받습니다. 그런데 인간이 범죄함으로써 하나님께서 지정한 위치를 떠나게 되자, 하나님과 인간 사이의 영적인 관계는 깨뜨려졌습니다.

그 후 하나님께서는 '우리 위에'(God upon us) 계신 분으로 세상을 다스리셨습니다. 이는 하나님께서 만물에 대한 주권을 포기하셨다는 뜻이 아닙니다. 만물을 당신의 뜻에 따라 다스리기는 하지만 인간이 범죄하기 전과 같은 놀라운 영적 교통을 주시지는 않았다는 것입니다.

하나님과 관계가 깨어지자 인간은 하늘 자원의 결핍을 경험하게 되었습니다. 그로 인해 인간의 삶은 고통 그 자체가 되었습니다. 그런 인간을 하나님께서는 불쌍히 여기게 되셨습니다. 그래서 그 옛날처럼 우리와 함께하실 임마누엘의 전망을 끊임없이 보여주셨습니다. 이것은 하나님께서 '우리와 함께'(God with us) 하시는 분으로 세상을 다스릴 것을 보여주신 것입니다. 그리고 결국, 예수 그리스도의 오심으로 이 땅에서 그 전망은 실현되었습니다.

예수 그리스도께서 오심으로 우리는 하나님과 함께하게 되었습니다. 구원받은 자에게 성령을 주셔서 하나님께서 우리 안에 계시게 된 것입니다. 이는 하나님께서 '우리 안에'(God in us) 계시는 분으로 세상을 다스릴 것을 보여주는 것입니다.

전에는 우리가 스스로 하나님을 미워하여 멀리 떠났지만 이제는 하나님을 사랑할 수 있게 되었습니다. 하나님께서 우리의 죄를 사하시고 하나님을 사랑할 수 있게끔 힘을 주셨기 때문입니다.

피조물인 인간이 하나님을 알고 사랑할 수 있다는 것, 그래서 하나님과 동행할 수 있다는 이 사실 자체가 인간에게는 말할 수 없이 영광스러운 일이 아닐 수가 없습니다. 그렇기에 예수 그리스도의 탄생은 우리에게 놀라운 영광의 소식입니다.

기쁨의 소식

둘째로, 예수 그리스도의 탄생의 의미는 '기쁨'입니다. 그분의 탄생이 기쁨이 된다는 것은 그전의 상태가 나쁘거나 불충분하였다는 의미입니다. 성탄의 기쁜 소식이 들려오기 전 인간의 상태는 어떠했을까요?

하나님께서 선하고 완전하시니, 그분이 지으신 세상도 본래 그러했습니다. 모든 피조물은 하나님 안에서 자신의 존재 목적을 아름답게 드러내고 있었습니다. 그러나 아담과 하와가 죄를 짓자 피조 세계는 창조 당시의 찬란한 광휘를 상실하였습니다.

하나님과의 관계가 죄로 깨어지자 인간은 서로 갈등하고 미워함으로 악을 행하게 되었고, 자기의 행복을 위해 다른 사람을 짓밟게 되었습니다. 탐욕으로 자연을 파괴하는 존재가 되었습니다. 세상도 아름다움을 상실하고 인간에게 자연악을 가져다주었습니다.

그때 복된 소식이 전해졌습니다. 하나님께서 때가 되면 세상을 다시 회복하실 것이라는 소식이었습니다. 인간을 모든 비참에서 구원하고 세상을 다시 회복할 것이라는 약속이 주어졌습니다(사 49:6).

구약에서는 회복의 메시지가 제사(祭祀)로 드러났습니다. 이스라엘은 제사를 통해서 잠시나마 죄의 문제를 해결하고 하나님과 교제할 수 있었습니다. 죄야말로 인간으로 하여금 고통을 겪게 한 궁극적인 실체였기에 그것을 해결해야 했습니다. 그러나 그것은 일시적이고 간헐적인 교제였습니다.

구약의 제사에서 죽어 간 수많은 제물들을 보면서 이스라엘은 영원하고도 온전한 하나님과의 교제를 고대하였습니다. 진정한 메시아를 기다렸습니다. 그리고 이것은 우리 주 예수 그리스도를 통한 구속 사건으로 나타났습니다. 아기 예수가 태어나던 때에 천사들은 이렇게 노래합니다.

"지극히 높은 곳에서는 하나님께 영광이요 땅에서는 하나님이 기뻐하신 사람들 중에 평화로다 하니라"(눅 2:14).

여기에서 '평화'는 샬롬을 말합니다. 하나님과의 화목으로 말미암아 이룩된 사람들과의 평화를 뜻합니다. 여기에는 자연과의 평화도 포함됩니다(롬 8:22).

예수 그리스도께서는 죄의 문제를 해결하셨습니다. 그리고 인간과 하나님 사이의 **샬롬**을 이루셨습니다. 이 일을 위해 그리스도께서는 인간의 몸으로 이 세상에 오셨습니다. 이 날을 기념하는 것이 성탄절입니다. 그렇기에 예수 그리스도께서 아기 예수로 이 세상에 오신 것은 '큰 기쁨의 좋은 소식'이 아닐 수 없습니다(눅 2:10).

사람으로 오신 하나님

히브리 사람들은 남자가 아이를 낳는다고 생각하였습니다. 그래서 자녀를 낳으면 남자의 후손이라고 말합니다. 그런데 그리스도께서는 여자의 후손으로 오시기로 정해졌습니다(창 3:15).

이는 메시아가 이 땅의 사람이 태어나는 것과는 다른 방식으로 오실 것을 예고합니다. 그것은 하나님이신 그분이 동정녀(童貞女)에게서 성령으로 잉태될 것에 대한 예고였습니다. 이렇게 하심으로써 참하나님이시면서도 참사람의 몸을 입으실 수 있었습니다. 예수 그리스도께서는 하나님이신 동시에 참사람이셔야 했습니다.

하나님이셔야 했음

첫째로, 그리스도께서는 하나님이셔야 했습니다. 이는 다음과 같은 두 가지 이유 때문이었습니다.

첫째로는, 그리스도께서는 하나님과 인간 사이에서 중보자(仲保者)가 되셔야 했기 때문입니다(딤전 2:5). 중보자는 이쪽 형편도 잘 알고 저쪽 형편도 잘 알아야 합니다. 예수 그리스도께서는 하나님이셨기에 그분의 생각은 하나님의 생각이었습니다(고전 2:10). 또한 그분은 사람이셨습니다. 그분은 참사람으로 사람의 형편과 처지를 이해하셨습니다. 그래서 하나님과 우리 사이에 중보자가 되셨습니다.

둘째로는, 죄(罪)가 없으셔야 했기 때문입니다. 그분은 인간과 하나님 사이에 화목제물로 오셨습니다(요일 4:10). 온전한 제물에는 어떠한 흠이나 티가 있어서는 안 됩니다. 온전하고 정결한 것이어야 합니다. 오직 정결하고 흠 없으신 예수 그리스도만이 화목제물이 될 수 있었습니다.

"우리에게 있는 대제사장은 우리의 연약함을 동정하지 못하실 이가 아니요 모든 일에 우리와 똑같이 시험을 받으신 이로되 죄는 없으시니라"(히 4:15).

인간의 불순종과 범죄로 죄는 세상에 들어왔고, 그것은 인간의 본성이 되었습니다. 인간의 생육법으로 태어나는 모든 사람에게는 원죄가 대물

림되었습니다. 그래서 예수 그리스도께서는 성령으로 잉태되셨습니다. 동정녀 탄생으로 육신의 혈통에 의한 죄의 영향을 차단한 것입니다.

사람이셔야 했음

둘째로, 그리스도께서는 사람이셔야 했습니다. 이는 다음과 같은 세 가지 이유 때문이었습니다.

첫째로는, 인간을 이해(理解)하시기 위해서였습니다(사 53:4). 예수 그리스도께서는 죄가 없으셨지만 죄가 있는 사람처럼 세례를 받으셨습니다(마 3:16). 세례는 물로 죄를 씻는 정결 의식입니다. 정결케 될 필요가 있다는 것은 불결함을 전제로 합니다. 따라서 세례를 받는다는 것은 씻어야 할 죄가 있다는 것을 의미합니다.

그러나 예수 그리스도께는 씻어야 할 죄가 없으셨습니다. 그런데도 죄인처럼 세례를 받으셨습니다.

이는 그분이 죄는 없지만 하나님에 의해 창조된 인간의 몸으로 오셔서 우리의 형제가 되셨음을 보여주었습니다. 또한 세례와 함께 나타난 성부와 성령의 임재는 예수 그리스도의 세례가 메시아로서의 공적 취임식이었음을 보여줍니다(마 3:16-17).

예수 그리스도께서는 참사람으로서 인간의 모든 연약함을 짊어지셨습니다(마 8:17). 하나님이신 그분이 우리와 같은 사람이 되어 진정으로 우리의 연약함을 이해하는 대제사장이 되셨습니다.

"우리에게 있는 대제사장은 우리의 연약함을 동정하지 못하실 이가 아니요 모든 일에 우리와 똑같이 시험을 받으신 이로되 죄는 없으시니라"(히 4:15).

둘째로는, 하나님을 우리에게 보여주시기 위해서였습니다(요 14:7). 구약에서도 하나님이 어떤 분이신지 사람들에게 알려졌습니다. 하나님께서는 말씀으로, 이적으로 당신을 보여주셨습니다. 그래서 구약의 성도들도 하나님이 어떤 분이신지 알 수 있었습니다.

이에 비해 성육신하신 그리스도께서는 당신의 삶과 인격으로 하나님이 어떤 분이신지를 생생하게 보여주셨습니다. 배고픈 자들을 먹이시는 그리스도의 모습에서 우리는 하나님의 사랑을 봅니다(마 15:32). 세리와 죄인들과 함께 먹고 마시는 그분의 모습에서 인간을 향한 하나님의 사랑의 깊이가 어떠한지를 알게 됩니다(눅 5:30).

예수 그리스도께서 죄 많은 사마리아 여인에게 복음을 전하시는 모습에서는 잃어버린 한 영혼을 얼마나 귀히 여기시는지를 봅니다(요 4:3-30). 그분을 통해서 말로만 듣던 하나님의 사랑이 만질 수 있게 다가왔습니다. 하나님의 사랑이 어떠한지를 우리는 예수님을 통해서 알 수 있었습니다.

"너희가 나를 알았더라면 내 아버지도 알았으리로다 이제부터는 너희가 그를 알았고 또 보았느니라"(요 14:7).

셋째로는, 죽으시기 위함이었습니다(막 10:45). 하나님께서는 영원한 생명이시기에 죽으실 수 없습니다. 그러나 인간의 죄를 대속(代贖)하기 위해서는 누군가가 제물로 죽어야 했습니다.

구약의 제사에서 죽어 간 수많은 제물들을 통해서 하나님과 교제의 길이 열렸습니다. 그러나 이 길은 영원한 것이 아니었습니다. 인간이 다시 죄를 지으면 하늘로부터 오는 자원은 끊어지게 되었습니다. 영원히 닫히지 않는 교제의 길을 위해서는 영원한 제물이 필요했습니다. 그래서 영원한 생명이신 그리스도께서 사람이 되셨습니다.

> "인자가 온 것은 섬김을 받으려 함이 아니라 도리어 섬기려 하고 자기 목숨을 많은 사람의 대속물로 주려 함이니라"(막 10:45).

임마누엘로 오신 예수

하나님이신 동시에 사람으로 오실 예수 그리스도의 이름은 임마누엘로 정해졌습니다(마 1:23). 이 이름은 그리스도께서 사람의 몸을 입고 우리 가운데 오셔서 우리와 함께하시며 우리를 끝까지 사랑하시고 우리를 위해 죽으실 것을 보여줍니다. 이것은 이미 이사야 선지자를 통해 예언되었습니다(사 7:14).

"보라 처녀가 잉태하여 아들을 낳을 것이요 그의 이름은 임마누엘이라 하리라 하셨으니 이를 번역한즉 하나님이 우리와 함께 계시다 함이라"

(마 1:23).

여기서 임이라는 말은 '-함께'를 뜻하고, 마누는 '우리'를 가리킵니다. 그리고 엘은 '하나님'입니다. 그러므로 이 말을 조합하면 임마누엘은 '하나님이 우리와 함께하시다.'라는 의미입니다. 예수 그리스도께서는 임마누엘로 오셔서 다음 두 가지를 실현하셨습니다.

첫째로, 그리스도께서 사람의 몸을 입고 세상(世上)에 계심으로써 하나님께서 사람들과 함께하시게 되었습니다. 하나님이신 그리스도께서 사람들과 함께하셨기 때문입니다.

참으로 예수 그리스도의 생애는 하나님께서 우리와 함께하신 시간이었습니다. 그리스도께서는 하나님을 볼 수 있게끔, 만질 수 있게끔, 들을 수 있게끔 드러내셨습니다. 그분은 우리를 고아와 같이 버려두지 않으시고 함께하셨으니, 이는 하나님께서 우리를 사랑하셨기 때문입니다(요 14:18).

둘째로, 그리스도께서는 성령(聖靈)을 보내 주심으로써 우리와 영원히 함께하시게 되었습니다. 그리스도께서 이 땅에 계시던 삶은 과정이었습니다. 만약 그분이 사람의 몸을 입고 세상에 계시기만 했다면 과연 얼마나 많은 사람들과 함께할 수 있었겠습니까? 아마 극소수의 사람들만이 그리스도와 직접적으로 함께할 수 있었을 것입니다.

그러나 예수 그리스도께서는 모든 사람과 함께하시기 위해, 영원히 함께하시기 위해 십자가의 대속을 감당하셨습니다. 십자가에서 죽고 다시 살아나신 후 승천하셨고, 당신의 영을 우리에게 보내 주셨습니다. 그리고 영원히 우리 안에 계심으로 **임마누엘** 하나님이 되셨습니다. 이제 육신의 눈으로는 예수님을 뵈올 수 없지만, 그리스도의 영이신 성령은 우리 안에 계십니다(고전 3:16). 그래서 이제 하나님께서는 우리 안에(God in us) 계십니다.

이 땅에 계실 때 예수 그리스도께서는 갈릴리로, 유대로, 사마리아로 다니시면서 우리의 눈물을 닦아 주셨습니다. 그러나 지금은 우리 안에 있는 성령이 그 일을 하십니다. 그리스도께서 이 땅에 계셨던 때처럼 우리의 눈에서 흐르는 눈물을 성령이 씻어 주십니다. 환경이 막막하여 아무 희망이 없을 것 같을 때 성령이 우리 안에서 말씀시고, 우리를 위로하십니다.

우리는 먼 옛날 그리스도께서 세상에 계실 때 직접 두 눈으로 그분을 뵈었던 사람들이 누렸던 감격보다 더 큰 감격을 누립니다. 성령의 내주하심으로 말미암아 풍성한 하나님의 은혜와 사랑을 직접적으로 맛보고 누리기 때문입니다.

때로 우리는 이 세상에서 넘어지고 쓰러지지만 하나님께서는 결코 우리를 떠나지 않으십니다. 그리스도를 통하여 성령이 우리와 영원히 함께하시겠다고 약속하셨기 때문입니다. 이로써 예수 그리스도께서는 영원히 우리와 함께하시는 하나님이 되셨습니다(마 28:20).

맺는말 : 하나님과 함께하라

세월이 흘러도 우리의 가슴에 깊이 새겨야 할 것은 이것입니다. 하나님이신 그리스도께서 비천한 인간의 몸을 입고 세상에 오신 것이 우리의 구원을 위함이었다는 것입니다. 그리스도께서는 우리와 함께하시기 위해 세상에 오셨습니다. 성탄절이 영광의 날이요 기쁨의 날인 이유가 여기에 있습니다.

우리는 임마누엘의 이 기쁜 소식을 전하는 사람들이 되어야 합니다. 이 세상의 고통의 궁극적인 원인이 인간이 하나님과 함께하지 않기 때문임을 알려야 합니다. 예수 그리스도의 사랑을 전하고 우리를 구원하시는 하나님의 복된 소식을 전하는 사람들이 되어야 합니다. 무엇보다도 실제로 자신이 임마누엘을 누리는 사람들이 되어야 합니다.

이 세상에서 누릴 수 있는 최고의 복(福)은 하나님과 함께하는 것입니다. 필멸의 존재가 불멸한 하나님을 붙들지 않는다면 그가 무엇을 하든지 그것은 멸망으로 향하는 삶일 것입니다. 따라서 신자의 참된 행복은 예수 그리스도 안에서 이미 실현된 임마누엘을 누리며 사는 데 있습니다. 이 영광스러운 성탄절에 임마누엘을 누릴 뿐 아니라 그 소식을 전하는 성도들이 되길 바랍니다.

김남준 목사의
절기
설교

임마누엘로 오신 예수님을 만나고 있는가?

한눈에 보는 제9장 성탄 예배 설교

성탄의 영광과 기쁨

"보라 처녀가 잉태하여 아들을 낳을 것이요 그의 이름은 임마누엘이라 하리라 하셨으니 이를 번역한즉 하나님이 우리와 함께 계시다 함이라"(마 1:23).

- 마리아의 임신 소식을 들은 요셉은 마리아와의 관계를 끊으려 하였다.
- 본문은 그때 요셉에게 나타난 천사의 말이다.
  "보라 처녀가 잉태하여 아들을 낳을 것이요 그의 이름은 임마누엘이라 하리라 하셨으니 이를 번역한즉 하나님이 우리와 함께 계시다 함이라"(마 1:23)

I. 성탄의 의미
- 천사는 요셉에게 아기 예수 탄생의 의미를 알려 주었다. 그것은 무엇인가?

1. 영광의 소식
- 첫째로, 영광이다.
- 영광은 하나님 임재의 효과이다. 인간은 하나님과 함께할 때 영광스러운 존재가 된다.
- 하나님께서는 인간과 가족처럼 살고자 하셨다.
- 그러나 인간의 범죄로 인간과 하나님 사이의 관계는 파괴되었다.
- 예수 그리스도의 오심으로 인간은 다시 하나님과 함께하게 되었다.
- 그래서 성탄의 의미는 '영광'이다.

2. 기쁨의 소식
- 둘째로, 기쁨이다.
- 그리스도께서 오시기 전 인간의 상태는 비참과 고통뿐이었다.
- 예수 그리스도께서 오심으로 인간과 하나님 사이의 관계는 회복되었다.
- 그로 인해 인간 사이의 관계도, 자연과의 관계도 회복될 가능성이 열렸다.
- 그러므로 그리스도의 오심은 큰 기쁨의 소식이 아닐 수 없다.

II. 사람으로 오신 하나님
- 예수 그리스도께서는 여자의 후손으로, 동정녀 탄생으로 세상에 오셨다.
- 이는 예수 그리스도께서는 참사람이신 동시에 참하나님이셔야 했기 때문이다.

1. 하나님이셔야 했음
   - 첫째로, 예수 그리스도께서는 하나님이셔야 했다. 그 이유는 다음과 같다.
   - 첫째로는, 그리스도께서는 하나님과 인간 사이의 중보자가 되셔야 했기 때문이다.
   - 둘째로는, 죄가 없으셔야 했기 때문이다.
   - 인간은 죄와 범죄로 부족한 존재가 되었으니 온전한 제물이 될 수 없다. 그리스도께서는 죄 없는 하나님으로 세상에 오셔서 온전한 제물이 되셨다.

2. 사람이셔야 했음
   - 둘째로, 예수 그리스도께서는 사람이셔야 했다. 그 이유는 다음과 같다.
   - 첫째로는, 인간을 이해하시기 위해서다.
   - 둘째로는, 보이지 않는 하나님을 보여주시기 위해서다.
   - 셋째로는, 죽으시기 위해서다.

Ⅲ. 임마누엘로 오신 예수
   - 하나님이신 예수 그리스도께서는 '임마누엘'로 불린다.
   - 이 말은 '하나님이 우리와 함께하시다.'라는 뜻이다.
   - 그리스도께서는 임마누엘로 오셔서 다음 두 가지를 실현하셨다.
   - 첫째로, 사람으로 세상에 오셔서 사람들과 함께하셨다.
   - 둘째로, 성령을 보내 주심으로써 우리와 영원히 함께하신다.
   - 그리스도께서는 부활 승천 후, 성령을 보내 주셨다. 그로 인해 사람들 안에 영원히 함께 있게 되었다.

Ⅳ. 맺는말: 하나님과 함께하라
   - 하나님이신 그분이 세상에 오신 것은 우리를 위해서였다.
   - 죄에 빠진 우리를 구원하여 하나님과 함께 있게 하기 위해서다.
   - 임마누엘의 하나님을 누릴 뿐 아니라 이 복된 소식을 전하는 성도들이 되길 바란다.

사명선언문

너희가 흠이 없고 순전하여……세상에서 그들 가운데 빛들로
나타내며 생명의 말씀을 밝혀 _ 빌 2:15-16

1. 생명을 담겠습니다
만드는 책에 주님 주신 생명을 담겠습니다.
그 책으로 복음을 선포하겠습니다.

2. 말씀을 밝히겠습니다
생명의 근본은 말씀입니다.
말씀을 밝혀 성도와 교회의 성장을 돕겠습니다.

3. 빛이 되겠습니다
시대와 영혼의 어두움을 밝혀 주님 앞으로 이끄는
빛이 되는 책을 만들겠습니다.

4. 순전히 행하겠습니다
책을 만들고 전하는 일과 경영하는 일에 부끄러움이 없는
정직함으로 행하겠습니다.

5. 끝까지 전파하겠습니다
모든 사람에게, 땅 끝까지, 주님 오시는 그날까지
복음을 전하는 사명을 다하겠습니다.

서점 안내

광화문점	서울시 종로구 새문안로 69 구세군회관 1층 02)737-2288 / 02)737-4623(F)
강남점	서울시 서초구 신반포로 177 반포쇼핑타운 3동 2층 02)595-1211 / 02)595-3549(F)
구로점	서울시 동작구 시흥대로 602, 3층 302호 02)858-8744 / 02)838-0653(F)
노원점	서울시 노원구 동일로 1366 삼봉빌딩 지하 1층 02)938-7979 / 02)3391-6169(F)
일산점	경기도 고양시 일산서구 중앙로 1391 레이크타운 지하 1층 031)916-8787 / 031)916-8788(F)
의정부점	경기도 의정부시 청사로47번길 12 성산타워 3층 031)845-0600 / 031)852-6930(F)
인터넷서점	www.lifebook.co.kr